漫娱图书
SINCE BOOKS
古 人 很 潮 MOOK 系 列

全 彩 图 文 全 新 升 级

古人很潮 MOOK 系列

古代消息快讯

速 度 太 快 跟 不 上

古代妙新闻

NEWS

嘻嘻

WONDERFUL

长江出版社
漫娱图书

古代消息快讯

速　度　太　快　跟　不　上

contents

目录

NEWS

妙新闻

第一章 皇家生活

008 豪车代步？呵呵，你太没见识了

012 冤枉啊，朕下江南才不是吃喝玩乐

017 皇上，该休息了，您已经看了48个小时的奏折

021 天哪，太子逃课又被抓住了

024 盖房养房都不容易，身为皇帝也是房奴

029 皇家旅游团开车啦

第二章 美食盛宴

040 卖糖葫芦咯，十元一个

045 知道韩愈吗？听说他敢吃……

048 没有山珍海味，我们一样活得很好

051 今天，你宿醉了吗？

054 楼上的酒鬼，我们不宿醉，我们只喝茶

057 古代网红美食种草

contents

第三章 体坛快讯

064 有射箭可以射到几百米远的人吗？我不信

068 看！那里有个大力士

072 让我们一起策马奔腾活得潇潇洒洒

076 谁说高尔夫只有有钱人才能玩

079 大人，我们没有聚众斗殴，我们只是在摔跤

085 有没有什么好一点的运动方式推荐一下？

第四章 尚妆时美

094 要去见男朋友了，有什么好看的妆容推荐吗？

098 姐妹们，一定要有一支属于自己的口红

101 历代妆容变迁

第五章 市井八卦

110 听说石崇的厕所堪比五星级酒店，有人去过吗？

114 我来自宋朝，请问怎么才能追到心仪的女孩子？

117 今天我卖了一条鲤鱼，然后我被打了六十大棍

120 听说有人见过灰姑娘，她居然从中国来？

125 为什么不说『下厕所』『上厨房』？

129 古代潮流日报

contents

目录

NEWS

妙新闻

第六章 文化教育

这位公子……咦，怎么是姑娘？ 137
我来自宋朝，我想知道明朝发生了什么事？ 142
孩子三岁了，请问哪个地儿的幼儿园比较好？ 146
妈妈，总是有人骂我『狗子』 150
领导说我不把他放在眼里 153
想学写诗，求教，钱不是问题 157
一个写手的自我修养 161
国学小课堂 165

第七章 中医养生

我已经失眠五天了，感觉自己成仙了 174
有好心人推荐老中医吗？ 176
有个庸医把病人扎成了刺猬，举报 180
奇奇怪怪的中草药人集合 185

ENTERTA ENT

皇家生活

第一章

DISANZHANG

豪车代步呵呵

你太没见识了

豪车代步？呵呵，你太没见识了

文＝小龙团

还记得几年前被沙特国王出访动用了五架豪华大型喷气式客机，带了459吨行李，有数名夫人和一百多名随从的新闻刷屏的情景吗？大家都在赞叹沙特国王真是土豪。不过，这阵仗跟中国古代的皇帝们出行相比，真是小巫见大巫，两个字形容："寒酸"。

中国古代皇帝们出行的阵仗可以用声势浩大来形容，翻开史册，让我带大家见识见识真正的"土豪"出行到底是什么样的。

秦始皇巡游

秦始皇统一天下后一共巡游五次，平均每两年一次。不过由于年代久远，关于秦始皇的巡游阵仗记载很少，但是，凡是存在的总会留下痕迹。通过为了秦始皇外出巡游而修建的纵横全国的私人高速"轨路"——驰道，我们可以窥见秦始皇巡游的奢华程度。

秦始皇统一天下后，下令以咸阳为中心，修筑通往全国的驰道。据《史记·秦始皇本纪》记载："二十七年，始皇巡陇西、北地，出鸡头山，过回中焉。作信宫渭南，已更命信宫为极庙，象天极。自极庙道通郦山（即骊山），作甘泉前殿。筑甬道，自咸阳属之。是岁，赐爵一级。治驰道。"秦朝一共修筑了9条著名的驰道：东方大道、西北大道、秦楚大道、川陕大道、江南新道、北方大道等。这几条驰道交错纵横于秦朝疆域的南北与东西，沟通了秦朝全国的交通。

近年来，在河南南阳的山区中，考古学家惊奇地发现了古代的"轨路"。它用木头铺成，形状与我们现代的铁路特别相似，碳十四测年法测得这些路是2200多年前秦朝遗留下来的。更为神奇的是，考古学家们经过测量发现，两条"枕木"之间的距离是按马跨出的步子设计的。在"轨路"上拉车的马匹可以不由自主地"自激振荡"，一直跑停不下来。在"轨路"上行驶的马车，摩擦力大大减小，运输的重量和速度都大大地提升，效率极高。经过测算，使用"轨路"一昼夜的速度至少可以达到六百公里，这速度可比所谓的"八百里加急"快一倍以上。

"轨路"仿佛是近代才出现的"高科技"发明，原来在两千多年前的秦朝就已经被发明出来，而且大规模地应用起来了。

只是巡游，秦始皇就修建了覆盖全国的路网，并且使用了"穿越千年"的高科技——"轨路"。换成现代的语言就是，土豪为了环游全国，修建了覆盖全国的好几条高铁。五架飞机和 459 吨行李的行程和这样的规格怎么比？

《乾隆皇帝大阅图》局部

隋炀帝巡游

看完陆路的秦始皇巡游，接下来我们见识见识水路的隋炀帝巡游。史书上记载，隋炀帝为了方便南下巡游，征发百万民夫，下令开凿了连接中国南北的“大运河”。光有水路还不行，还得有船，不久隋炀帝又下令“遣黄门侍郎王弘、上仪同於士澄往江南采木，造龙舟、凤艒、黄龙、赤舰、楼船等数万艘”。[①]

五个月之后，“大运河”全线贯通，数万艘船只也修建完成。这样庞大的工作量能在五个月内完成，以当时的生产力水平而言可谓十分高效。

不仅如此，在这短短的五个月中，隋炀帝还命人沿途修建“五星级私人度假酒店”——“自长安至江都，置离宫四十余所”[②]，方便自己和随行人员沿途住宿。

再说回隋炀帝乘坐的龙舟，它可不是我们平常看赛龙舟时的轻巧的小船，而是一座水上宫殿、巨型游轮。

《大业杂记》中记载：“龙舟高四十五尺，阔五十尺，长二百尺。共四重，上一重有正殿、内殿、东西朝堂，周以轩廊；中二重有一百六十房，皆饰以丹粉，装以金碧、珠翠、雕镂奇丽，加以流苏、羽葆、朱丝网络；下一重，长秋内侍及乘舟水手，以青丝大绦绳六条，两岸引进。”

隋炀帝巡游的万艘航船的盛景被当时的人这样描述：“舳舻相接二百余里，照耀川陆，骑兵翊两岸而行，旌旗蔽野。”单单是牵引一条龙舟的纤夫就有 1080 人，分成 3 番，每番 360 人，可以推测，服务整个船队的纤夫有多少人。而护卫两岸的士兵共计二三十万人，整个队伍就像滚滚洪流奔流在运河两岸。

这么庞大的队伍，后勤保障如何提供呢？答案是由途经地区的人民来提供，隋炀帝下令“所过州县，五百里内皆令献食，多者一州至百轝，极水陆珍奇”。庞大队伍的巨大消耗，各地人民无法承担，沿途的居民纷纷逃离家乡，居无定所。

这样规模庞大的船队，在中国历史上可谓是“前无古人后无来者”，就连郑和下西洋和乾隆下江南的船队都无法企及。甚至可以说，这样水上巡游的规模在世界史上也是空前绝后的。

虽然秦始皇巡游和隋炀帝巡游，由于时间久远，无法还原当时的景象，只能从文献记载的只言片语中来想象当时的情景。不过不用太遗憾，后世有些皇帝出行的情景保留在了古画中，为我们直观呈现了皇帝出行的盛况。

《出警入跸图》由《出警图》和《入跸图》两幅长卷构成，描绘了明神宗在侍卫的护送下，到十三陵“扫墓”，之后又返回宫中的情景。虽然只是短短的一次出行，按距离和规模来说只能算“郊游”，但是这幅画声势磅礴，卫仪阵容盛大，浩浩荡荡，完整地呈现了一次皇帝出行的情景。

《南巡图》记录的是康熙和乾隆在位期间，康熙第二次南巡和乾隆第一次南巡时的部分情景。整个场面规模宏大，形形色色的人物逾万，形态各异的牛马牲畜过千，山川地势，城池车船，各行各业……林林总总，全景式展现了皇帝巡游的情景，也十分值得一看。

作为一国之主的皇帝，全国最大的“土豪”，出行的声势肯定十分浩大。不过，正如魏征对唐太宗李世民所言：“臣又闻古语云：‘君，舟也；人，水也。水能载舟，亦能覆舟。’ 陛下以为可畏，诚如圣旨。”皇帝如果滥用民力，疯狂“炫富”，国家迟早会迅速灭亡。

《康熙南巡图》局部

参考文献
①《隋书》卷三《隋炀纪上》
②《资治通鉴·隋炀帝大业元年》第一百八十卷

冤枉啊，朕下江南才不是吃喝玩乐

文＝小龙团

皇帝南巡就是在皇宫待久了闷得慌，想要下江南吃喝玩乐。如果你是这样想的，那你真是 too young too simple。日理万机、站在至尊之位、心思深沉的皇帝，好不容易出趟远门，费时费力，怎么可能仅仅是吃吃喝喝、散散心，单纯地旅游那么简单。皇帝的南巡都是意味深长，有目的、有意图的。

皇帝南巡到底隐藏着哪些秘密？翻开史书，让我们一起从中寻找线索。

历史上有三次比较著名的南巡——隋炀帝南巡、康熙南巡、乾隆南巡。

隋炀帝南巡

传说，隋炀帝只是单纯地为了到江都看琼花而大兴土木，修建了连通南北的大运河，建造了万艘游船，之后又动用了几十万军队和民夫浩浩荡荡地到江南南巡。

事实真相也许并不是如此，隋炀帝发布的“巡历淮海”的诏书中这样说：

听采舆颂，谋及庶民，故能审政刑之得失。是知昧旦思治，欲使幽枉必达，彝伦有章。而牧宰任称朝委，苟为徼幸，以求考课，虚立殿最，不存治实，纲纪于是弗理，冤屈所以莫申。关河重阻，无由自达。朕故建立东京，躬亲存问。今将巡历淮海，观省风俗，眷求谠言。①

这份诏书表明，隋炀帝此次南巡的目的是体察民情、听取舆论、为民做主的。

隋炀帝一来到江都，带来的第一件礼物就是免除了江淮以南许多地区几年的租赋。第二件礼物就是用盛大的礼仪迎娶了前朝的公主为妃子，重用前朝的臣子，并没有大肆杀戮。第三件礼物，也就是用隆重的仪仗来向江南地区的人民显示朝廷的威严和强大，这也是隋炀帝大费周章地准备这次南巡的理由。

隋炀帝如此重视这次南巡，是有深刻的政治意图的，他希望能笼络人心，加强南北团结，维护国家统一。不过，凡事欲速则不达，隋炀帝急切地想要成就一番大事业，急于求成，滥用民力，最终阴沟里翻船，被自己的表弟——李渊取而代之，隋朝修建的"大运河"、开创的"科举制"等为李唐王朝的兴盛做了嫁衣。

康熙南巡

康熙曾六次南巡，路线也基本固定，而江南是其必经之地。至于康熙多次南巡的目的，他自己在《南巡诗序》中说道，他南巡的目的主要有三个：一是巡视黄河，筹划黄河水利工程；二是巡查，监督江南的官员，体察民情，安抚民心；三是游历天下，欣赏大好河山，也就是皇宫里待久了，向往远方的诗和田野了。

清初，由于长期战乱，黄河河道年久失修，河患频繁，不仅严重影响了沿岸居民的生产生活，还威胁到了联系南北物资调运的漕运的安全。

康熙亲政之初就将"三藩及河务、漕运为三大事，书宫中柱上"。因此，康熙南巡除了游玩，最重要的目的就是治理黄河、加强对江南地区的统治了。

在康熙南巡期间，他一次次来到黄河边上，检查治理黄河的工程进展，与相关大臣讨论治理方案和策略。在康熙的不懈努力之下，黄河得到了比较有效的治理，河患得以控制。

康熙是一个十分注重节俭和实干的好皇帝，他把南巡当做政务考察，每次南巡都很低调。"便道至浙江观风问俗，简约仪卫，卤薄不设，扈从者仅三百余人"，而且一路上"皆设营幄，不御屋庐"，轻车简从，从来都不铺张。这种简约的作风，可能也就是后来"微服私访"传说的由来。

康熙第三次南巡时，太湖一带的百姓告御状，说他们的田地家园被水淹没了，还要被迫上缴税粮。

康熙便问当地守备：“目前太湖的面积有多少？”

守备回答：“800 里。”

康熙顿时很奇怪：“纳尼？志书上明明记载的是 500 里。”

守备顿时心中涌出了无上的崇敬之情，皇上果然是学霸，他答道：“本来是 500 里，但是由于多年风浪的冲刷，堤岸倒塌，就成了 800 里了。”

康熙点了点头，感慨说：“世界这么大，如果我不出来看看，真不知道百姓的疾苦。传我的命令，让当地官员查办此事，免去多收的税粮。”

这么圣明的君主自然受到很多百姓的爱戴。有一次康熙到了扬州一带，男女老幼夹道欢迎，那阵仗可比顶级明星粉丝接机的阵容大多了。

大家都想一睹皇帝的风采，爬树的爬树，登高的登高，有的摔倒，有的甚至被挤到了水里，差点酿成严重的踩踏事故。于是，亲民的康熙呼吁百姓们“止于夹道跪迎，毋得紊乱追趋，致有诸患”。他还命令随行人员，询问百姓地方的利弊，让大家畅所欲言。

康熙南巡不仅治理黄河、体察民情，还赈灾恤荒、考察官员，为维护社会秩序和国家统一做出了不可磨灭的贡献。

乾隆南巡

乾隆是康熙的孙子，也是爷爷的小迷弟。从他在位 60 年时，为了不打破康熙在位 61 年的记录，退居幕后当太上皇的举动就知道，乾隆有多么崇拜康熙。

乾隆皇帝在位十四年后，他下了一道谕旨：“江南地广人稠，素所惦念，其官方、戎政、河务、海防、与闾阎疾苦、无非事者，第程途稍远，十余年来未遑举行。屡尝敬读实录，备载前后南巡，恭侍皇太后銮舆……”这表明，乾隆查阅了康熙的“南巡攻略”，也想效仿康熙巡查河务、体察民情，顺便带上妈妈去旅行。

不过，和康熙简约的作风不同，乾隆走的是土豪路线，南巡的前一年就命人制定南巡路线，修筑道路并且沿途修建“五星级度假酒店”——行宫。

知道皇帝喜欢古玩字画，各地官员便争相搜罗稀世珍宝。当时流行进贡玉器，于是大小官员争相购买、请人雕刻，导致玉器价格大幅上涨。

据统计，康熙六次南巡“每处所费不过一二万金”，而排场很大的乾隆 6 次南巡就花掉了的 2000 万两，是康熙的几十倍之多。

跟康熙体察民情、伸张正义不同，乾隆南巡期间屡兴冤狱，很多官员、知识分子和平民百姓无辜躺枪。

有一次，一名河南夏邑人拦御驾告状，状告当地官员隐瞒灾情不报，请求乾隆为民做主。乾隆被吓了一跳，心情很不爽，于是下令赶人走。谁知车架刚刚启程，又有夏邑人刘元德递上状纸，状告当地官员隐瞒灾情，草菅人命。乾隆顿时大怒，还让不让我好好玩耍了，下令把刘元德抓了起来，严加审问，追查幕后主谋。

后来查明刘元德所报非虚，了解到实情的乾隆惩罚了当地官员，但是也对

刘元德痛下杀手，谁让他冲撞了圣驾，惹乾隆不高兴了。

乾隆南巡期间，无辜躺枪的人不止这一个，著名的《一柱楼》诗稿案、《虬峰集》案、《忆鸣诗集》案、《芥圃诗钞》案等文字狱冤案频出。

尽管乾隆的南巡透露出浓浓的腹黑气息，但他南巡确实做了实事。比如乾隆在南巡时对海塘工程的注重，经过 20 年的不懈努力，海塘工程全线竣工，确保了江南水乡的繁荣。

在乾隆晚年时，他也深深地反省了自己南巡的过失：“朕临御六十年，并无失德；惟六次南巡，劳民伤财，作无益害有益！后来皇帝如南巡而汝不阻止，必无以对朕。”不过，此时为时已晚，乾隆六次南巡严重消耗了清朝的国力。

皇帝下江南进行南巡，并不是单纯地游山玩水，而是带有很多政治意图。而南巡的效果如何，取决于皇帝的选择，“成由勤俭败由奢”，无论对九五之尊的皇帝还是对平民百姓都是一个道理。

参考文献

①《隋书》卷三《炀帝纪上》

皇上，该休息了，

您已经看了48个小时的奏折

文=小龙团

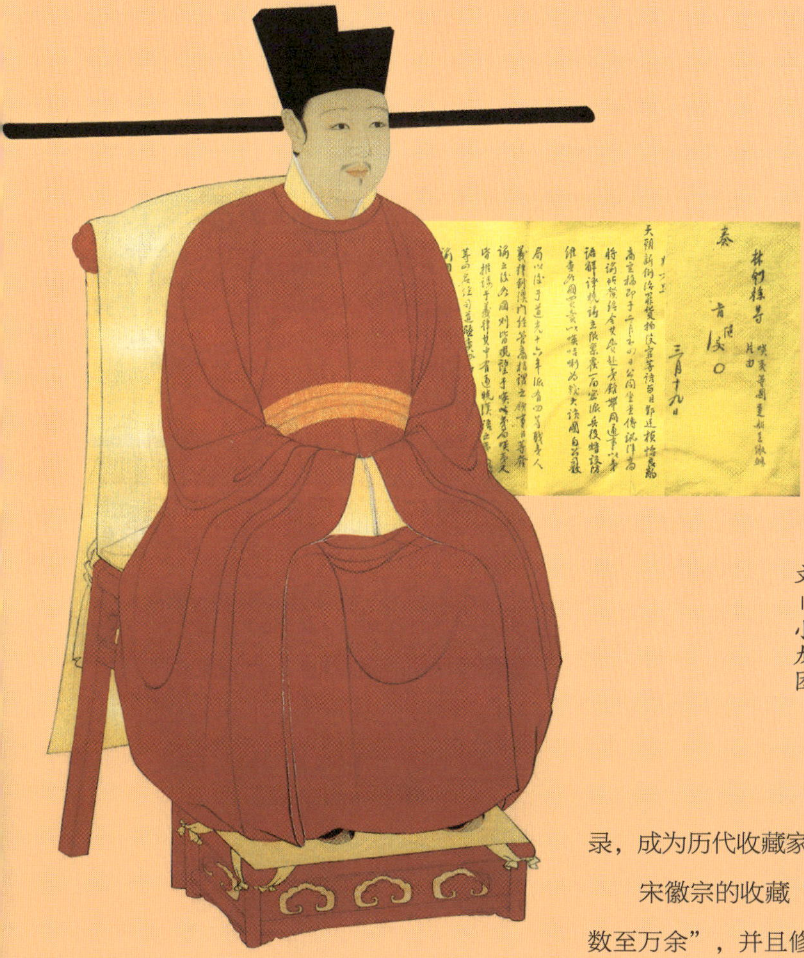

自古以来就个性鲜明的皇帝，在日理万机之余，都会有自己的爱好。有的皇帝爱好还十分特别，让人做梦都想不到。今天我们来一起盘点皇帝们的爱好。

收藏古玩字画

众多皇帝之中，有两个十分著名的收藏狂魔，宋徽宗和清乾隆皇帝，他们都给自己的收藏品编撰了专门的收藏目录，成为历代收藏家的必备指南。

宋徽宗的收藏“则咸蒙贮录，且累数至万余”，并且修筑了很多宫殿来保管收藏品——“宣和殿后，又创立保和殿者，左右有稽古、博古、尚古等阁，咸以古玉玺印、诸鼎彝、法书图画咸在。”这完全是一个大型博物馆的收藏规模。

不但如此，他还命人编写了《宣和书谱》《宣和画谱》《宣和博古图》。《宣和书谱》著录内府所藏古书法家197位，并逐个立传，收法帖1240余轴，为宫廷收藏以来最详细的收藏目录。《宣和画谱》把历代名画分为十大类：道释、人物、宫室、番族、龙鱼、山水、畜兽、花鸟、墨竹、蔬果。收录名画家231人，作品6396轴。《宣和博古图》共三十卷，勾摹内府收藏三代至秦汉古青铜器的图样，以存其形、以录其迹。这几本书成为此后收藏家的必读指南。

乾隆是继宋徽宗之后最疯狂的皇帝收藏家，他也模仿宋徽宗命专人编写收藏目录——《秘殿珠林》《石渠宝笈》。他也同样的设十数殿，每殿分专题收藏，甚至还依殿制作收藏印。不过和人人称赞的宋徽宗不同，乾隆被吐槽为收藏界的“泥石流”。因为凡是经过乾隆之手的字画要么被题字，要么被盖印。乾隆的印章特别多，据说有一千多方，常用的就有五百多方。乾隆在收藏界的“爱新觉罗・牛皮癣”的外号可不是白来的。

旅游

虽然皇帝的生活并没有眼前的苟且，但他们也向往着诗和远方。皇帝们掌管着一国的命运，国事繁忙，压力很大。很多皇帝都会选择出差——巡游，不但可以全面掌握地方的情况，还可以看看自己统治的天下，品尝各地美食，欣赏大好河山。

殷商时期的甲骨文中就有许多暗示旅游之类涵义的卜辞，如“巡省”“田猎”等。西周时期，周天子分封诸侯，为了掌握各地诸侯国的情况，就定期巡游四方，体察民情，纾解民困。周穆王“即位三十二年，巡行天下，驭黄金碧玉之车，傍风乘气，起朝阳之岳，自明及晦，穷宇县之表”，并把巡游的所见所闻写成了最早的游记——《穆天子传》。

秦始皇统一天下后，十年间巡游全国5次，平均每两年一次，每次外出的时间长达半年左右。他走遍大江南北，在7个地方立巨石刻字建碑以记其功绩。

汉武帝也是一个出了名的旅行家，与秦始皇树碑记功不同的是，汉武帝走到哪里都会进行祭祀，抱神大腿。出长城，登单于台，威镇匈奴；回陕西祭黄帝陵，华山祈祷；东行至嵩山，敬礼于太室；封禅泰山，至东海求仙；九嶷山拜虞舜等。

木工

明朝生产了非常多有个性的皇帝，明熹宗朱由校就是其中一员，他是天才的木匠，兼职当皇帝。

天启五年（公元 1625 年）到天启七年（公元 1627 年）间，明熹宗对皇极殿、中极殿和建极殿大修，从起柱、上梁到插剑悬牌，整个工程中他都亲临现场，废寝忘食。

cosplay

雍正和乾隆父子俩是 cosplay 高玩，看了之后你会“一画一惊心”。

《雍正行乐图》中雍正扮演了多个角色：松下抚琴的文人雅士、弯弓射孔雀的神箭手、身穿西洋服与猛虎搏斗的勇士、“孤舟蓑笠翁，独钓寒江雪”的垂钓者、寒窗苦读的书生、水边洗脚的平民……雍正把各种各样的角色演绎得活灵活现，真是被皇帝工作耽误的好演员。

雍正不光自己玩，还带上儿子乾隆一起玩。《平安春信图》中雍正和乾隆扮演着一对手持竹枝的父子。《弘历采芝图》中，雍正扮演采药的大夫，乾隆则是他的徒弟。

乾隆是一个书画爱好者，他喜欢演绎画中人。乾隆喜欢丁云鹏的《扫象图》，于是扮成图中的普贤菩萨，命画师画了一幅《弘历洗象图》；喜欢冷枚的《赏月图》，于是便命令画师临摹，把自己变成画中人，画成《高宗观月图》；喜欢《雪夜读书图》，于是便命人临摹画作把自己画成图中的男主角，体验一把寒窗苦读的感觉。

《雍正行乐图》之一

皇帝虽然“贵为天子”，但他们始终还是人，性格各异，爱好也不同。他们和我们普通人一样，在工作之余也有各种各样的业余爱好，用来娱乐身心，休闲放松。

雍正行乐图

——六月

天哪，太子逃课又被抓住了

文 = 小龙团

自古以来各位家长都有“望子成龙，望女成凤”的渴望。就算是真龙天子的皇帝也是一样。作为皇帝的孩子，皇子们不仅从小要学会各种宫斗技能，保护自己的安全，还得熟读四书五经，精通琴棋书画，成为学霸中的学霸，精英中的精英，不然怎么能从众多皇子中脱颖而出，成为太子走上人生巅峰呢？

唐代皇子们的启蒙教育，也就是幼儿园阶段都是在后宫中度过的，幼儿园的老师就是后宫中那些才貌俱佳的妃子们。《贞观政要》中记载唐太宗曾说皇子们“生乎深宫，长乎妇人之手”。

和我们现在的小朋友一样，六七岁皇子们就要升入小学，开始正式的基本教育了。在唐朝，皇子们的入学之日特别重要，这意味着皇子们开始长大成人了，叫“齿胄”。所以开学典礼一般都非常隆重。

当时唐朝流行的小学课本有《急就章》《文选》《千字文》《兔园册府》……不过，皇帝也会命大臣专门给皇子们编写教材，唐玄宗对大臣说：“说与徐坚、韦述等编此进上，诏以《初学记》为名，后其书行于代。”

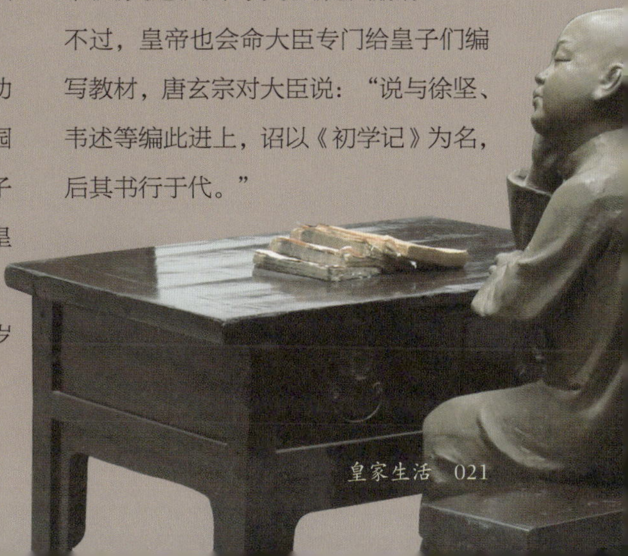

唐朝皇子们读小学的地方就叫“小学”，是唐朝的开国皇帝李渊设置的。《唐会要·学校》记载，小学的功能是“以教宗室子孙及功臣子弟”。后来，到了唐玄宗后，皇子们在“十王宅”“百孙院”中长大，自然就在这里读小学。

姜国芳油画《梦》局部

study

小学毕业之后，皇子们也会像我们一样升学，而且还是初中、高中、大学一起的。皇子们这个阶段的学校是弘文馆和崇文馆相加的“综合性大学”。

弘文馆和崇文馆——“综合性大学”培养计划[①]：

课程类型		课程名称	学习年限	考试内容
必修课		《孝经》《论语》	共一年	孝经二条、论语八条，共十条，需通六
必修课	经学	《尚书》《春秋公羊传》《谷梁传》（小经）	各一年半	一大经，一小经或两中经
		《周易》（小经）《毛诗》《周礼》《礼札》（中经）	各两年	熟读精熟、言音典正，策试十道，取粗解注义，需通六
		《左氏春秋》《礼记》（大经）	各三年	
	史学	《史记》《汉书》《后汉书》《三国志》《东观记》		各自考核。读文精熟，言音典正，策试十道，取粗解注义，需通三
	其他	《说文解字》《字林》		

皇子们除了有沉重的课业负担，也同样会面临考试的噩梦。每十天有一次考试，称为“旬试”，考完之后可以休息一天，跟我们平常的测验考试差不多。每年年末有一次考试，称为“岁试”，相当于我们的期末考试，不过每年只考一次。结业的时候还有一次考试，称为“升格考试”，相当于我们的毕业考试。

说了这么多关于读书的事，大家都累了吧，接下来说说最万众期待的事——放假。弘文馆和崇文馆的休假时间是这样规定的：平时会有像我们现在的“周末”，每十天休假一天，称为“旬假”。每年也会像我们现在的寒暑假一样放两次大假，五月放一个月的假成为“田假”，九月放一个月的假称为“授衣假”。

原来唐朝的皇子们和我们现在一样，有沉重的课业负担，也会面临被考试支配的恐惧，会有“周末”和“寒暑假”。

不过在学习的重压之下，唐朝的高干子弟，也会像我们大多数学生一样有逆反心理。哪里有压迫，哪里就有反抗，而且他们反抗的动静还真不小，都惊动史官把他们的事迹记录在案了。《封氏闻见记·举贡》中记载“在馆诸生，更相造诣，互结朋党，以相渔夺，号以为棚。推声望者为棚头。权门贵戚，无不走以荧惑，主司视听。其不第者，率多喧论，考论不能御”。当时有背景的学生，集体作弊，老师们拦都拦不住，管也管不了。最后没有办法，唐玄宗下令“自今已后，一依令试考试”，也就是从弘文馆和崇文馆毕业的高干子弟们，都要和全国的其他考生一样，参加唐朝的“高考”——科举考试。

什么时候毕业呢？终身学习，活到老学到老。即使皇子们娶妻生子，自立门户之后也还是要配备专职老师继续学习。专职老师队伍有“傅一人，从三品，掌辅政过失”“友一人，从五品下，掌侍游处，规讽道义”“侍读，无定员”“文学一人，从六品上，掌校典籍，侍从文章”。还真有不少个家庭教师呢！

各个朝代都根据自己的需求对皇子制定了不同的教学计划，设立了不同的机构。不过清朝对皇子的培养是有目共睹的严格，我们来看看康熙最爱的儿子胤礽，他的母亲仁孝皇后在生他的时候难产而死，康熙痛失爱妻，怜惜幼子，于是将胤礽带在身边抚养。胤礽一岁时就被立为皇太子，四岁时康熙亲自教胤礽写字、认字，并且精心地为胤礽挑选德才兼备的好老师。

我们来看看胤礽一天的课程表：

时间	课程
5 到 7 点	读书最少 120 遍
7 到 9 点	康熙下朝检查
9 到 11 点	学习满文、汉文
11 到 13 点	吃饭，背诵《礼记》
13 点到 15 点	射箭课
15 点到 17 点	康熙检查功课，其他皇子侍读
17 点到 19 点	康熙亲自教射箭

清朝其他的皇子也是如此。皇子们从 6 岁开始读书，每年的假期只有元旦、端午、中秋、自己生日各休息一天，父亲的生日休息两天和除夕休息半天，其他的时间无论严寒酷暑都必须上课，一年放假的时间加起来连一个国庆节都不到。

学霸不是一天养成的，明君也不是一天养成的。历朝历代的皇家都十分重视对皇子们的教育，欲戴皇冠必承其重。

参考文献

①刘蕾，《唐代皇子教育对其文章创作的影响》，《文学教育》2018 年第 1 期

盖房养房都不容易，身为皇帝也是房奴

文＝小龙团

“普天之下，莫非王土。”然而作为全国最大的地主，皇帝也会为房子喜，也会为房子忧。

金屋藏娇——凭一套房子，普通的皇子逆袭成为皇帝

汉武帝刘彻是汉景帝的王夫人所生，也是汉景帝的第十个儿子。在讲究嫡庶尊卑的古代，无论如何刘彻都是无法继承皇位的。汉武帝之所以能继承皇位，成为名垂青史的千古一帝，得益于一套房子。

馆陶公主是汉景帝的亲姐姐，地位非常尊贵，她非常宠爱女儿陈阿娇。馆陶公主原本打算将陈阿娇嫁给当时的太子刘荣，来个亲上加亲。但是刘荣的母亲栗姬记恨馆陶公主老是给汉景帝献美人，让自己家里遍布草原，于是果断拒绝了馆陶公主。

地位尊贵、自尊心极强的馆陶公主能咽得下这口气吗？这时汉武帝的母亲——王夫人恰好过来看望长公主，不仅听长公主吐槽，还耐心地安慰这位长

公主。长公主灵机一动，王夫人不是有一个儿子吗，把自己的女儿嫁给他不正好吗！

不久馆陶公主带着女儿陈阿娇到未央宫做客，看望未来的小女婿。馆陶公主抱着才四岁的汉武帝问：“阿娇好看吗？”刘彻回答：“好看，如果我能娶阿娇，我一定建一座金屋给阿娇住。”这么小就那么会撩妹，当然深得未来岳母的欢心。在岳母馆陶公主和母亲王夫人的助攻下，刘彻顺利当上了太子，在汉景帝去世后，成为了皇帝，陈阿娇自然成为了皇后。

汉武帝到底有没有为陈阿娇造一座黄金屋呢？史书上没有记载，但是贵为皇后的陈阿娇确实住上了比黄金堆砌的房子还要尊贵的椒房殿——只有“母仪天下”的皇后才能居住。《汉书·车千秋传》中颜师古注：“椒房殿名，皇后所居也，以椒和泥涂壁，取其温而芳也。”

如果四川人到了椒房殿，能抑制得住把墙上的土扣下来，去煮火锅的冲动吗？

唐长安城——二手建材循环利用的典范

唐长安城的前身是隋朝的大兴城，唐朝在取代隋朝后在这里建都，并改大兴城为长安城。

隋朝之所以修建大兴城跟隋文帝的一个梦有关。隋文帝建立隋朝的时候，把都城定在了汉长安城，不过历经几百年的风霜，汉长安城已经不再是那个气势恢宏的长安城了，而是变成了一座十分破旧、供水不良、排水不畅，水质污染十分严重的城市，再加上渭水河畔的汉长安城经常受到渭水改道的威胁，这样的城市的确不再适合作为当时的都城。隋文帝住在这样破旧的都城中十分憋屈，有一天他做了一个梦。《隋唐嘉话》记载：“隋文帝梦洪水没城，意恶之，

乃移都大兴。”于是，隋文帝决定马上兴建新的都城，隋文帝把这项重任交给了当时的天才建筑师——宇文恺。宇文恺来头可不小，他是鲜卑人，隋朝十二大将军之一，出身于武将世家。不仅如此，《隋书·宇文恺传》这样评价他：“好学博览书记，解属文，多伎艺，号为名父公子。”

从隋文帝下诏开始修建大兴城的开皇二年六月，大兴城就以迅雷不及掩耳

之势，迅速拔地而起。到了第二年的三月，仅仅用了 10 个月的时间，大兴城就基本建成了。当月隋文帝收拾好家当，一家都搬进了大兴城。隋文帝到底是有多嫌弃破败的汉长安城，从他匆匆离开的背影就可以看出来了。

10 个月建成一座皇宫，这速度真的是前无古人后无来者。没有对比就没有伤害，来看看其他朝代都城建设的速度你就明白了。秦始皇的阿房宫，用了 5 年的时间，到秦灭亡的时候还没有建好。汉长安城，仅未央宫就花费了 7 年的时间。元朝的大都，前前后后共花费了 18 年才建成。我们现在还可以看到的明清两代的皇宫——故宫，建造也花费了 14 年的时间。

为什么大兴城可以这么快就建成呢？一方面是宇文恺的才能实在太出色了，另一方面，建造大兴城的许多建材都是现成的，大兴城里的很多官署和宫殿都是拆掉汉长安城里的材料来修建的，不需要经历漫长的取材和运输。

这十分典型的拆东墙补西墙的做法，虽然快速，但也留下了隐患。唐开元年间，《旧唐书·玄宗本纪上》记载“癸卯寅时，太庙屋坏，移神主于太极殿，

上素服避正殿，辍朝五日，日躬亲祭享”。这可把唐玄宗气坏了，自己祖宗住的太庙倒塌可不是什么吉利的事，于是命令大臣姚崇追查此事。不久，机智的姚崇发现了其中的玄机：原来是隋朝兴建太庙的时候木料用的是前秦苻坚太庙的木料，历史悠久，木料腐朽，也就导致了“豆腐渣工程”的出现。

命比纸薄的故宫三大殿

永乐十九年（公元 1421 年），永乐皇帝正式迁都，历时 14 年终于建成的北京故宫，正式投入使用，并且在三大殿举行大典。但是，同年四月，仅仅使用了 3 个多月的三大殿遭受了巨大火灾。相隔了十九年（公元 1440 年），经过两位皇帝的筹措，动用了七万多人，经过一年多的时间才完成了修复工程。这次修复之后，三大殿度过了一段较长的安全期。

但是在嘉靖三十六年（公元 1557 年），也就是 117 年之后，故宫遭遇了史上最大的一次火灾。《世宗实录》记载：“四月丙申，雷雨大作，戌刻，火光骤起，由奉天殿延烧谨身，华盖二殿，文、武楼，奉天、左顺、右顺及午门外左右廊尽毁。”这次火灾后，不仅仅是三大殿，还几乎把外朝中轴线上的建筑全烧了。这次火灾历经了四年多才又把三大殿重建完成，而且又新建了雷神庙，还把三大殿都改了名。

公元 1597 年，仅仅过了 40 年，三大殿又遭殃了。根据《神宗实录》记载“万历二十五年六月戊寅，三殿灾……一时具烬”。这次火灾后，历经 18 年，三大殿才又重新建成。

公元 1679 年，好不容易消停了 82 年，清康熙年间，三大殿又出“幺蛾子”被焚毁了，直到公元 1690 年才开始重

建工程，经过五年的努力，又再次建成了三大殿，也就是现在的我们所看到的三大殿。

在故宫三大殿建成的近600多年的时间里，故宫的三个主殿就脱胎换骨5次。恐怕故宫的主人——皇帝们心都很累，修复这三个“大房子”费时又费力，不修，又丢面子——谁家里矗立着几座废墟都不好看。

皇帝们在为了他们华美的宫殿耗尽心力之时，也有“无立锥之地”的贫者流浪街头。两个极端的写照莫过于“朱门酒肉臭，路有冻死骨”了。

Mortgage Slave

开车啦！

旅行目的……故宫

导览人……李硕

作者简介

小宫女于 2011 年进宫当差，平日参与故宫工程管理的相关工作，是一名稍微有点儿文艺的工科女，特别热爱摄影，喜欢用手机捕捉故宫的美。

皇家旅游团

看了这么多皇家新闻，是不是对皇帝的居住地有些好奇呢？

让我们打开聚光灯，请把话筒递过来，让我来揭开皇家宫殿中的翘楚——故宫的神秘面纱：

故宫，又称为紫禁城，是明清时期的皇家宫殿。它位于北京中轴线中心，是世界上现存规模最大、保存最完整的古建筑群。

故宫全城南北长 961 米，东西宽 753 米，总面积 72 万平方米。这么大的故宫，该从何看起？下面为大家推荐几条特色参观路线，抓紧了，快上车！

深度参观涨姿势线路

打卡地点：午门——武英殿——慈宁宫——西六宫——东六宫——宁寿宫区

参观时间：6-8 小时

午门 武英殿 慈宁宫 西六宫 东六宫 宁寿宫

一 午门（午门展厅）

从午门进入故宫后可以先登午门和东西雁翅楼，这里是故宫最大的现代化展厅，经常举办各种高大上的展览。曾经非常火爆的《千里江山图》就是在此展出。

《千里江山图》局部

二 武英殿

武英殿曾经是明清皇帝召见大臣与自己居住的地方，在康熙时期改成武英殿书局，专门负责藏画、修书。武英殿原本是书画馆，但从 2018 年开始改成了陶瓷馆。

▲

▲

三 慈宁宫

大名鼎鼎的慈宁宫大家一定都知道，它是明清前代贵妃、太后和太皇太后居住或举行重大典礼的地方，现在改成了雕塑馆，分为雕塑荟萃馆、汉唐陶俑馆、砖石画像馆、修德白石馆、佛教造像馆五部分。陈列的文物主要涵盖陶俑、画像砖石、佛像三大类。慈宁宫西侧是寿康宫，为清代太皇太后、皇太后居所，目前为原状陈列。慈宁宫花园里的花花草草们，不要忘记跟它们合影哦。

四 西六宫

西六宫是清代后宫嫔妃的住所。西六宫中的太极殿、永寿宫、翊坤宫、储秀宫目前开放，为宫廷生活原状陈列，可供参观，可以找到清宫剧中的感觉。

五 东六宫

东六宫跟西六宫相对应，也是明清时期皇太子、妃子们居住的地方。

承乾宫、永和宫有青铜器展。景仁宫有明代御窑瓷器展。看过《延禧攻略》的可以来延禧宫打卡，不过延禧宫曾被烧毁，宣统元年在旧址修建灵沼轩，后尚未完工，现在我们看到的是“烂尾楼”。

Taihe Temple

Taihe Temple

六 宁寿宫区

宁寿宫区不仅可以参观，还适合拍照。这儿有皇帝后妃们听戏的大戏楼，有各种富丽堂皇的楼阁轩堂，还有被称为“乾隆花园”的宁寿宫花园，整体布局错落有致，简直是皇家园林的排面！

进入宁寿宫区参观珍宝馆、戏曲馆、石鼓馆等展览须另购门票（每张10元/人）。九龙壁、皇极殿、宁寿宫、养性殿、乐寿堂、畅音阁、禊赏亭、古华轩、珍妃井这几个地方都不容错过哦。

宁 寿 宫 景 观

Ningshou Palace

故宫撸猫路线

打卡地点：箭亭——御花园——寿康宫——慈宁花园——锡庆门——乐寿堂

参观时间：不定

㊀右翼门

右翼门西侧，一片绿油油的草地上，会看到一只优雅的、腿超长的猫咪在晒太阳，名字就叫：长腿儿！你可以试着喊它，会有回应的。它就是著名的“宫猫竞猜世界杯”的主力选手。

㊁御花园

御花园也是猫咪们常去溜达的地方，说不定它们就藏在某个角落里呢！

㊂寿康宫

据说大白经常在这里出没，还有其他的猫咪也喜欢在这里玩耍。

㊃慈宁花园

香菜很喜欢这里！来解锁吧！

⑤ 锡庆门

高贵的爱新觉罗·嘚嘚在此，喵。

⑥ 东六宫

猫咪三随子，偶然出没中。

⑦ 景仁宫

景仁宫的故宫书店附近，会看到我宫最霸气的猫——鳌拜。

好像还有一只小可爱——馒头。

其他宫殿喵星人也会随机出没，冬天的时候喵星人会躲起来，春夏时比较容易遇到它们。祝你能在故宫撸到一只猫！

故宫的宫猫是我们的同事小伙伴，是最萌的御前带爪侍卫，为了保护猫咪的小生命，也为了保护游客安全，请大家不要乱投喂，更不要乱摸以防被抓受伤，毕竟宫里的猫咪都是有自己的小脾气的。

游览小贴士

故宫博物院已经全面取消纸质票，游客需提前在故宫官方网站上购买门票，每日八万张售完为止，一定要记得提前预约哟！每周一闭馆。

票价：淡季 40 元，旺季 60 元

淡季开门时间：08：30

闭馆时间：16：30

旺季开门时间：08：30

闭馆时间：17：00

古董羹

DIERZHANG

第二章

美食盛宴

卖糖葫芦咯，十元一个

文/白斩鸡

Q：古代没有流行小吃？古代很难有好吃的？

A：不不不，这样想你就错了。

作为人口基数庞大的吃货大国，我们怎么可能没有好吃的！正餐美食多得数不过来，小吃零嘴也不能落后！

来看！

烧尾宴是唐朝时期最盛大的宴会之一，一般是新官上任或是职位升迁时举办，用以招待亲朋好友共同庆祝的宴会，阔气非常，菜品丰富。从这样的宴会上可以窥得当时点心一二。

用今天的话来说，里面包括油馓子、蒸面、各类精品酥点、烘焙糕点、汤羹粥食。在唐代韦巨源的《烧尾宴食单》中都有详细的记载。

一场宴会，光点心就有这么多样，不可谓不奢侈。

看完了大场面，让我们回到生活中。

胡饼，一种唐朝美食，有点类似我们现在吃的烧饼，是用面粉做的，面上撒点很像黑芝麻的“斯亚旦”，后来慢慢发展成中间包含馅儿的，不仅饱肚子还很美味。

不过胡饼这个东西，其实汉代就传入国内了，只不过到了唐朝才火爆起来。火爆到什么程度呢？皇上饿了，都拿它充饥过。

那时有个官员叫作刘宴，有一天出门的时候忽然在路边闻到了香味，就让仆人去看看。仆人捧了几块热腾腾、香

喷喷的胡饼回来，刘宴没忍住，直接用袖子一包，就着手直接开啃，一边吃还一边夸：“真香！”

不过，有的人运气就没那么好了，一个叫张衡的小官就因为在路边吃饼，被人举报有损官员形象，生生被贬。虽然很惨，但也身体力行地说明胡饼的确是个让人垂涎欲滴的美食了。

如果有机会去唐朝吃点心，真的是有福了。

唐朝时流行吃一种甜甜的叫蔗浆的东西，顾名思义，这东西是用甘蔗制成的，只是工艺比较粗糙，并且因为不能长时间保存，需要冰镇。那时候吃啥都可以浇上蔗浆，王维吃“蔗浆菰米饭”，也有人吃樱桃的时候浇，叫“蔗浆浇樱桃”。

在唐章怀太子墓中出土的《仕女图》和壁画《野宴图》中，都出现了双手捧着类似盆景物件的仕女。有一种说法是，她们手中所捧的为唐代的甜点——酥山。五代词人和凝的词作《春光好》中描述道：“玉指剪裁罗胜，金盘点缀酥山。”之所以叫“山”，只因为它是由牛羊乳油之类融化后所形成的形态，类似于现在的奶油。

除此之外，《云仙散录》里还记载了这样一种小吃——透花糍：“吴兴米，炊之甑香；白马豆，食之齿醉。虢国夫人厨吏邓连，以此米捣为透花糍，以豆洗皮作灵沙霍，以供翠鸳堂。”白白嫩嫩，小巧精致，一看就特别好吃。

如果热得实在受不了，宋代陶谷的

《清异录》中记载了宫廷里一道叫作清风饭的食物。用糯米饭、龙睛粉、龙脑末与牛奶一起搅拌，放入缸中，冰镇在冰池里，等到冷冻透了，就可以端上来吃了，是土豪清凉消暑的必备利器。

宋朝，对于吃货而言是一个十分幸福的朝代。饭馆的兴起给人们提供了吃喝的好去处，夜市更是解决了熬夜党半夜饿肚子的问题。

宋朝的人民沿袭了唐朝人爱吃奶制品的习惯，长篇白话世情小说《金瓶梅》中提到过一种叫酥油鲍螺的甜品。

酥油鲍螺的做法是：牛奶自然发酵后煮成奶渣，搅拌后分离出奶油，加入蜂蜜和蔗糖，凝结后旋转挤在盘子上，制成下面圆上面尖、像螺纹的小点心。

隔着屏幕都能闻到甜滋滋的味道了。

因为价格便宜，制法简单，酥油鲍螺在当时是十分普遍的点心，上到达官贵人，下到普通百姓，都会自己制作。

有客人上门的时候，端出小小一盘酥油鲍螺，好看又好吃，作为待客小吃简直完美。

在街头，你想吃的几乎应有尽有。简简单单的果子，就可以做出生果、干果、凉果、蜜饯和饼食五种食用的类型。不管你是口渴了，还是饿了、馋了，没有什么是一个果子解决不了的。如果有，那就再来一个。

不仅如此，果子的名字也特别好听：香糖果子、金丝党梅、间道糖荔枝、离刀紫苏膏、香枨元……听起来就让人食指大动有木有！

冰糖葫芦就是这个时候出现的，不过它最初并不是作为小零嘴存在，而是为了治病。有一种民间传言，说是宋光宗最宠爱的皇贵妃病了，却没有一个御医能治好，无奈之下，皇帝只好求助民间医生。其中一个医生说，可以将冰糖和山楂煎熬服用。按民间医生的方法熬好药，贵妃吃后，很快好了起来，而这种方法传到民间后，有人突发奇想将果

子串起来吃，就变成了酸酸甜甜的冰糖葫芦。

除了果子，宋朝还有一样你想不到的小吃。

“老板，来一瓶冰可乐！”

夏日炎炎，如果你走在街上快要因为烈日而窒息，随手就能在街边来一瓶冰冰凉凉的饮料。事实上，在宋朝，这样的事也屡见不鲜。

不过冰可乐是没有的，那时候叫“冰雪”，是不是一听就感受到了一阵扑面而来的清新凉意？在宋朝以前，冰是很难储存的，只有地位十分尊贵的人才能享受到。“长安冰雪，至夏月则价等金璧”这样的说法不是虚传的。但是，到了宋朝，冰很快变成了普通人也能享用到的东西，街头巷尾到处都摆着摊子，只有你想不到的，没有你买不到的。张择端《清明上河图》里就有一个名叫“香饮子”的冷饮摊。《东京梦华录》里也有相关记载。

明朝时的琅琊酥糖，又叫面糖、董糖，借琅琊山而取的名字，是江淮一带地区的名产。主要用纯白芝麻与白砂糖加工制成，切成乳白色的一小块，薄厚均匀，层次分明，口感酥软，浓郁的香味飘散开来，却不会让人觉得腻，有“香召云外客，味引洞中仙”一说。

孙国敉在《燕都游览志》中提过一种叫“春饼”的小吃。春饼是一种将菜卷在薄如纸的饼皮中食用的小吃，一般是在立春的时候吃，图一个好兆头。唐朝时吃春饼，在里面放春蒿、黄韭、蓼芽，取的是迎新、迎春的意思，而宋朝宫廷里则多用荠菜包之，“翠缕红丝，金鸡玉燕，备极精巧，每盘值万钱”，卖相十分好看。

清朝是距离我们最近的一个朝代，饮食已经和现代相差不太多了。硬面饽饽、切糕、驴打滚等面食，馄饨、杂碎汤、卤煮火烧等带汤小食，山楂糕、吹糖人、糖炒栗子之类的甜食点心，听名字就可以清晰地在脑海中想到它们的样子，想吃的话也能随处买到。很多地方还能找到传承百年的老字号店铺，可以说是相当亲切了。

酥酪，是清朝的一款点心，《红楼梦》第十九回也曾提到。在当时，有很多种食用的方法。

你可以直接在酥酪上撒上瓜子或其他坚果食用，红红绿绿的颜色斑斓，很是好看。也可以将酥酪煮溶成汤，净白如雪，作奶茶饮品饮用。或是将酥酪煮成块状然后切片，卷上山楂、核桃等内馅，做成奶卷吃。或是将酥酪套入模具凝结，制成奶饼……

简单的做法，满足了各种食用口味和习惯的人，酥酪想不火都难！

除了奶，只要喜欢，也能用其他的食材制成酪，比如杏酪。

袁枚在《随园食单》中记载了它的制作方法：将杏仁捣碎碾成浆，过滤掉渣，和糖一起熬制。

杏酪不仅好吃，还有药用价值，风寒咳嗽的时候，可以吃一碗杏酪，经常服用，还有抗癌的作用。

紫苏膏也是药膳的一种，主要用紫苏、桂、大黄、当归等熬制冷却而成，主要针对咽喉的病痛。

这样一看，古人的一些喜好和现代人挺像的，甜甜的奶制品是点心的首选材料，从唐到清，甚至直到现在，它都在人们生活中占据了重要的地位。

其实古代，虽然有些方面落后点，但是也没有想象中那么贫瘠，更何况是在吃这一块，要相信，即便缺少材料与技术，老祖宗也是不会委屈了自己的。

参考文献

《清异录》《烧尾宴食单》《随园食单》《云仙散录》《东京梦华录》《燕都游览志》《宋史》《燕京岁时记》

知道韩愈吗？

Do you know Han Yu

听说他敢吃……

文＝白斩鸡

人活在世，多多少少都有些小癖好，有的症状比较轻，无伤大雅；而有的情况严重者，则令人叹为观止了，甚至有些还是我们十分熟悉的名人。今天，我们就来扒一扒那些古代名人在“吃”上的奇怪癖好。

古人奇葩饮食之一：硫磺

韩愈大大，唐宋八大家之一、大文豪，写的文章诗词很多都是课本上背诵并默写级别的，大家肯定都不陌生。

不过，他有个隐秘的癖好，是我们在课本上不曾学过的。

那就是，吃硫磺。

不过，韩愈并不是因为喜欢吃硫磺而吃硫磺，而是为了壮阳。据说他晚年妻妾成群，因为纵欲伤了身体，为了保持旺盛的精力所以要经常服用壮阳药，但是药三分毒，吃多了肯定是有害的。于是韩愈找了个迂回的法子，把壮阳药里的硫磺磨成粉末，先喂给鸡吃，自己再吃鸡，以达到过滤毒素的目的。

《清异录》中记载：“昌黎公逾晚年颇亲脂粉，故可服食；用硫磺末搅粥饭，啖鸡男，不使交，千日，烹庖，名‘火灵库’，公间日进一只焉。”

可是，这样做并没有什么用，虽然开始颇有成效，但最终还是没能拯救韩愈，反倒害他最后因服用硫磺过多而死。

古人奇葩饮食之二：五石散

一说起魏晋风流，大家最先想到的一定就是美男了。那美男是怎么来的？除了天生丽质，也有后天的方法可以拯救。那时候没有整容技术，但有一种叫做寒食散，也称五石散的东西，可以让人容光焕发。

五石散早在汉朝就有了，但是直到魏晋时代才流行起来，是因为一个叫做何晏的人。何晏是曹操的养子，虽是养子，但很得宠爱。他认为五石散不仅可以治病，还能让人神清气爽。有一个成语叫“傅粉何郎”，说的就是何晏。因为他生得好看，容貌非常白皙，让魏明帝一度觉得疑惑，这个人是不是涂了粉才这么白？于是魏明帝灵机一动，喊何晏来吃面，热气腾腾地一蒸，肯定能原形毕露。结果没想到，何晏一边流汗一边擦脸，粉没看见掉，脸还更白了。魏明帝才醒悟，这人原来是真的白。

是什么让何晏得以如此呢？就是五石散。在那个看脸的时代，美貌是评价一个人很重要的标志。并且，因为何晏在当时的名流贵族里声望颇高，有很多人竞相模仿，很快形成了服用五石散的风气，连晋哀帝、王羲之等人都加入其中。据史学家余锡嘉先生考证，在那段时间里，服用五石散的人数甚至达到了百万。

但五石散实际上是一种毒药，主药为白石英、紫石英、石钟乳、赤石脂、石硫黄五味，虽然有肉眼可见的成效，但毒性也是十分大的，有不少人因此而丧生，可以说是真正的用生命追求美貌了。

古人奇葩饮食之三：疮痂

吃疮痂，一听就让人浑身起鸡皮疙瘩。但历史上就有这么一个人，对这个东西痴迷如命，他就是南朝宋南康郡公，刘邕。

让我们先上证据：《南史·刘穆之传》记载：“邕性嗜食疮痂，以为味似鳆鱼”。

说的是刘穆之的孙子刘邕特别非常极其喜欢吃疮痂，觉得它味道和鳆鱼，也就是鲍鱼很像……

好吧，你喜欢就喜欢吧，不去祸害别人还是一条好汉。然而，“美食”当前，又怎么可能忍得住？

《南史》记载了这样一

个故事：刘邕有一个朋友叫孟灵休，生病了。刘邕亲自去看他，结果看见对方床上掉落了一床的疮痂，食指大动，一个一个将它们捡起来吃掉了。而孟灵休显然也是个绝世好朋友，虽然惊呆了，但看见刘邕吃得开心，就把自己身上没掉的疮痂全部扒下来给了刘邕，而刘邕回去之后，仿佛打开了新世界的大门，不论有罪的没罪的官吏，按顺序轮番抽鞭子，等伤口结了痂就剥下来送给刘邕享用。

成语“嗜痂之癖”因此而来。

简直是丧心病狂。

以上这几位名人的故事是不是让人大开眼界？相信历史上还有更多或有趣或奇葩的饮食怪癖，等下次有机会，我们再来详细扒一扒吧！

《饮酒图》

参考文献

《南史》《清异录》

没有山珍海味，我们一样活得很好

文＝白斩鸡

现代生活美食多多，一出门就有琳琅满目的好吃的供人挑选，在家门口吃遍中国都没有问题，小日子过得可谓是美滋滋。

这时，假如突然凭空出现了一架时光机，带你进入中国漫长的历史，去看看古代的百姓平时都吃些啥，你会看到什么？

首先是，主食篇。

米饭和面食是如今人们最重要的两大主食，古代也一样，只不过发展的时间稍微有些错开。

五谷在春秋时期有了明确记载，那时候的人们已经熟练地掌握了栽培种植技术，根据对不同口感不同作用的需求，主要选择了稷、黍、菽、麦、稻五类。

起初，稷是最重要最常见的食用作物。到了汉代，麦则进入了主流，简单的面食已经能够端上百姓的餐桌。

面条就是在汉代被发明出来的，只不过那时不叫“面条”，因为当时的面食都叫“饼”，所以泡在汤里的面食，则取名“汤饼”。最开始的汤饼是宽的片状，后来才慢慢演变成了条状，成为了我们熟悉的面条。

甚至还有人给面条写了篇小作文：

“玄冬猛寒，清晨之会，涕冻鼻中，霜凝口外。充虚解战，汤饼为最。弱似春绵，白若秋练。气勃郁以扬布，香气散而远遍。行人失涎于下风，童仆空瞧而斜眄。擎器者舐唇，立侍者干咽。”（晋束《汤饼赋》）

面条作为方便又好吃的美食，深受广大百姓的喜爱。到了宋代，资料上记载的面条已经有三四十种了。

水稻的崛起主要是在唐宋。粥是唐朝时流行的早餐。

白居易的《春寒》写道：“今朝春气寒，自问何所欲。酥暖薤白酒，乳和地黄粥。”

就问你流不流口水。

其次是，菜肴篇。

有了主食，接下来就是小菜了。

别看我们现在总是抱怨肉又双叒叕涨价啦，在古代，别说涨价，就算不涨价普通人家都不太能买得起。

如果你说要吃牛肉，不说吃不吃得起，那可是要掉脑袋的事儿。因为从汉朝起就明文规定，牛是用来耕作的，不允许随便宰杀。除非家里的牛意外死了，才有机会吃一次。

那人们吃什么肉？

猪肉。

猪肉在很多年里，都被认为是低档的肉类。

宋朝时，吃羊在中上层阶级是很流行的。大概有点类似我们喜欢和明星买同款，那时的人也是。因为皇家喜爱吃羊肉，于是民间也有很多人效仿。只不过因为价格不太亲民，因此只在一些重要的节日食用，比如婚嫁，或是取得功名时。

那时候羊肉火到什么程度呢？连苏轼都说“十年京国厌肥羜”，可想而知当时吃羊肉的盛况。

对于贵族而言，猪肉，他们是不屑的。因此，当时的猪肉基本上都进了老百姓的厨房。宋朝孟元老的《东京梦华录》记载，每天都有成千上万头猪被屠宰，供人们食用。

或许是因为羊肉真的吃腻了，吃货界的扛把子苏东坡先生经过精心研究，制作出了一道菜，将猪肉也笼罩上了一层名为“美味”的光芒。

它就是东坡肉。

东坡肉

当然，这道菜的发明并不是为了推广猪肉，但确实是变相起到了宣传作用，因为它——好吃呀！

到了明清，猪肉确确实实走进了宫廷贵族的视野，上流社会的菜单里出现了不少猪肉的身影，连袁枚的《随园食单》里都说：“猪用最多，可称‘广大教主’。”

而明清时期的很多习俗保留到了现在，猪肉也成为了我们生活中不可或缺的美食。

除了爱吃的肉肉，让我们再来看看素食王道——蔬菜与水果。

素食类美食的发展史中，最重要的一环必属丝绸之路了。国家的交流不仅碰撞出了新的文化，也碰撞出了各种各样的好吃的。

在汉代以前，人们很喜欢吃桃子，《诗经》里有很多关于桃的描写，“园有桃，其实之肴”“投我以桃，报之以李”等等。

汉代以后，石榴、葡萄等琳琅满目的水果，还有胡瓜等蔬菜进入百姓的视野，丰富了人们的餐桌。

宋朝流行的果子，则将水果的火爆程度推到了一个高峰，街边也出现了许多售卖蔬菜的小店，例如菠菜、茄子、茭白……

还有明清时传入的土豆、菠萝、辣椒……

由此看来，古代的平民百姓，虽然没有山珍海味，但不断丰富的餐桌美食，也足够他们慢慢享用了。

不知这一趟穿越美食之旅，你还满意否？

参考文献

《东京梦华录》《齐民要术》
《王祯农书》

Hangover

今天，你宿醉了吗？

文＝白斩鸡

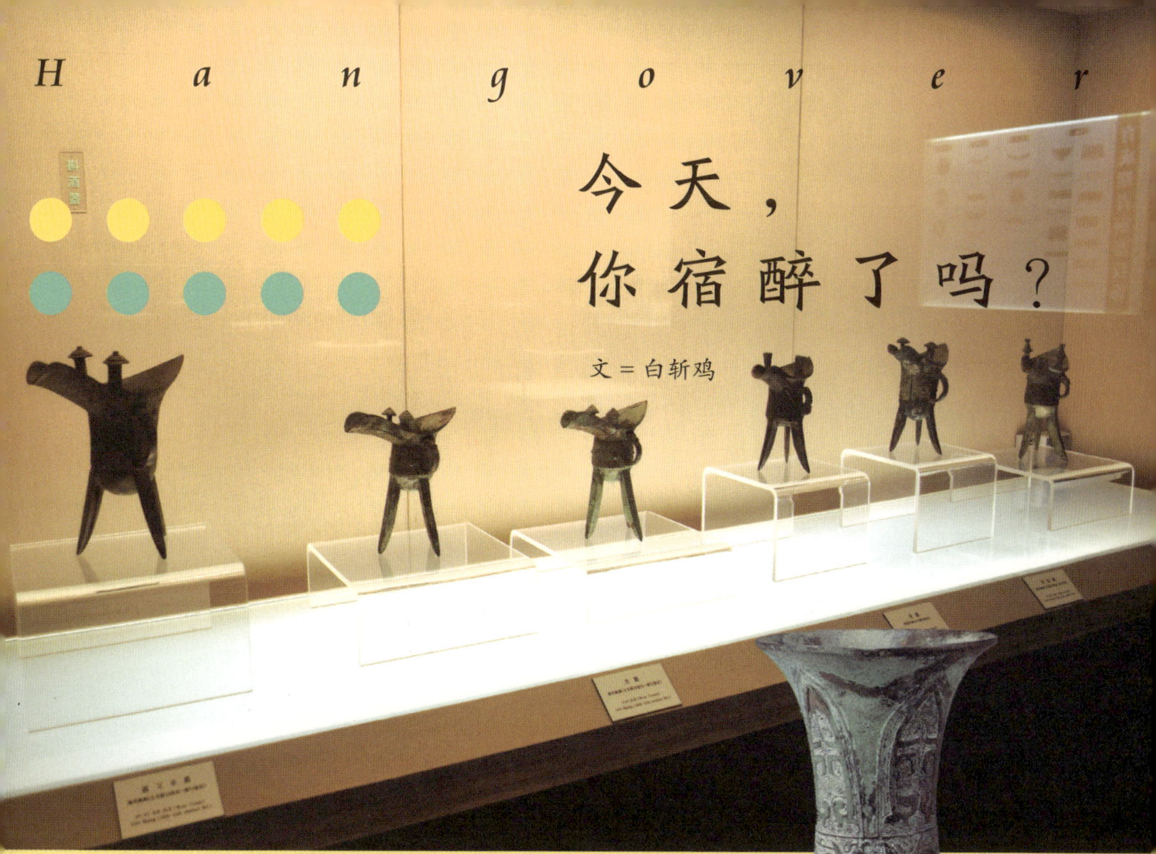

假如你疲惫不堪、心烦意乱，你会选择做什么？假如你人逢喜事、欣喜若狂，又会选择做什么？

一定是喝酒，对不对！

酒与我们的文化密不可分，与每个人潜移默化的习惯紧紧相连，那你知道酒是怎么来的，又怎么发展到现在的吗？

酒的发明，最初是一场意外。

那时人类还处在原始社会，一个要什么没什么的时期，一切都在未知中探索。有人发现采摘的果子因为存放太久，发霉后散发出一种奇怪的味道。在大胆尝试之后，人们发现味道竟然很好，于是开始注意到这样的现象。

不论你爱不爱喝酒，杜康这个名字你一定听过。他是夏朝的国君，也是酒圣、酿酒的鼻祖。《酒诰》提到了酒的发明，是杜康在剩饭剩菜中闻到了酒的香气，经过研究，掌握了酿酒的方法，酿造出了秫酒。

由此可见，早在夏朝，酒文化就已经存在了。

商周时期，青铜器昙花一现，在当时就有专门用来饮酒的器具，例如爵、角、斝、觚、兕觥等。那时喝酒的风气盛行，朝廷贵族沉迷不已。纣王建造酒池肉林，每天饮酒作乐不问政事。

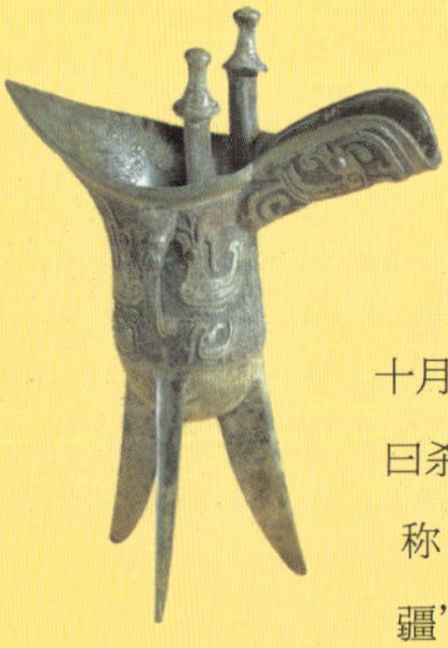

《诗经·国风·七月》里写“九月肃霜，十月涤场。朋酒斯飨，曰杀羔羊。跻彼公堂，称彼兕觥，万寿无疆”。百姓间的庆祝宴席，也开始有酒的身影。

到了春秋战国时期，喝酒开始伴随着政权，有了等级分化。简而言之，就是统治者高高在上的心理开始作祟：天子喝酒，怎么能和普通人一样？

于是，规矩出来了，《礼记·玉藻》：“凡尊必上玄酒，唯君面尊，唯飨野人皆酒，大夫侧尊用棜，士侧尊用禁。”

百姓：好的吧，你是老大你说了算。

秦汉时，因为经济发展，酒被研发出了更多的功能和用途——医疗。

屠苏酒据说是由名医华佗发明的，将大黄、白术、花椒、乌头等中药浸泡在酒里，大黄有排除滞浊之气的功效，白术能健胃解热，乌头能温养脏腑，对人体十分有益。屠苏酒一般是在正月初一过年时饮用，王安石写“爆竹声中一岁除，春风送暖入屠苏”，就是讲的屠苏酒。

每逢节日，饮酒也开始成为习俗。菊花酒，顾名思义，以菊花酿造，是九月九重阳节必饮的一种酒，也被称为长寿酒。《西京杂记》里记载：“汉高祖时，宫中每逢九月九日，佩茱萸，食蓬饵，饮菊花酒，令人长寿，菊花舒时，并采茎叶，杂黍米酿之，至来年九月九日始

熟，就饮焉。故谓之菊花酒。”

魏晋时民风开放，饮酒之风更盛，上层的名流几乎已经离不开酒了。“曲水流觞”是当时文人墨客崇尚的活动，所有人都坐在河边，上游的人将装了酒的杯子放进河水，酒杯随水而流，若是停在某人的面前，他就要将那杯酒喝掉，并且即兴赋诗作文，一来可以促进好朋友之间的交流，二来也能去除晦气。

看过武侠剧的，想必对这样的场景很熟悉：大侠走近客栈，把长剑往桌上一拍，对忙碌的小二一喊：“小二，来一坛上好的女儿红！”很快就会有一坛酒——女儿红端来。

女儿红在古代是确实存在的，这是一种糯米酒。女儿红之所以叫这个名字，和它背后的故事有关。《南方草木状》记载：“女儿酒为旧时富家生女、嫁女必备物。”相传，绍兴有个裁缝，妻子怀孕后十分高兴，酿了几坛酒，准备孩子出生时用来款待亲友，结果没想到妻子生了女儿，裁缝重男轻女，便没有将酒取出。等十几年过去，女儿也成家了，裁缝才想起来当年埋的那些酒，于是把它们挖出来宴请宾客，于是大家就管那酒叫女儿红。而自那以后，邻里间就有了生女儿埋酒、嫁女儿时取酒的习俗。

自唐宋起，酒文化进一步发展。文人墨客尝到了喝酒的乐趣，同时也身体力行丰富着酒的意义。酒能消愁，是它对世人最深远的一种影响。诗词里能看到驻守边关的将士喝酒思乡的身影，也能看见江边古亭怀才不遇、壮志难酬的萧瑟身影。酒可以是想说却不能说的情思，也可以是郁郁难解的哀愁。

酒被赋予了千万种涵义。

明清后，酒文化继续发扬，直到现代依然熠熠发光。逢年过节，心里高兴，喝点小酒；恰逢人生大事，图个好彩头，要请邻里亲朋开心开心。直到现在，我们都还保留着这样的习俗，伴着不同的心境，小酌一口，舒心怡情。

酒，着实是个好东西呢！

参考文献

《尚书·周书》《南方草木状》
《西京杂记》《礼记》

茶之道

楼上的酒鬼，我们不宿醉，我们只喝茶

文＝白斩鸡

俗话说“小酌怡情，大饮伤身”，喝酒这个事儿吧，控制得好没事，一旦上瘾就容易糟。

如果你是对自己没什么信心、又总想喝点什么打发无聊的人，这里有个好东西推荐——茶。

喝茶，既能解口里干涩没味的馋劲儿，又有提高免疫力、减肥瘦身的保健功效，还不会令人发酒疯，可以说是一等一的饮品了。这不，我国制茶历史悠久着呢，古人都爱喝！

传说，我国最早饮茶的人是神农氏，《茶经》记载：“茶之为饮，发乎神农氏。”虽然具体不可考了，但确实可以侧面证明，国人开始喝茶是挺早就有的事儿了。

商周时，茶酒已经是贵族的贡品了，一般人还吃不到。晋代常璩的《华阳国志》就记载周武王时期，茶已经是作为进贡的贡品了。

可能是因为茶太好喝，也可能是由于茶的产量上来了，秦汉时《僮约》里有这么两处记载。一处写到“武阳买茶”，说明茶在当时已经能在集市上购买到了。而另一处写“烹茶尽具”，则说明喝茶已经开始配备专门的用具。

《煮茶图》

茶慢慢地在走进人们的生活。

南北朝时，“茶宴”忽然兴起。社会上开始流行饮茶，并且以此为乐，甚至还专门举办喝茶的小型宴会，以茶代酒，宴请宾客，说说家常、唠唠嗑，好不美哉。山谦之的《吴兴记》也记载，每年吴兴和毗邻的太守会举办茶宴。

茶宴真正兴盛起来是在唐宋时期。与茶相关的技艺与艺术同时蓬勃发展起来，老百姓纷纷开始种茶，学习烹制茶叶，文化人开始将火爆的茶文化编纂成书，《茶录》《东溪试茶录》《品茶要录》纷纷现世，其中陆羽的《茶经》被誉为茶的百科全书，宋朝皇帝赵佶更是亲自写了一本《大观茶论》，足以见得茶文化有多红火。

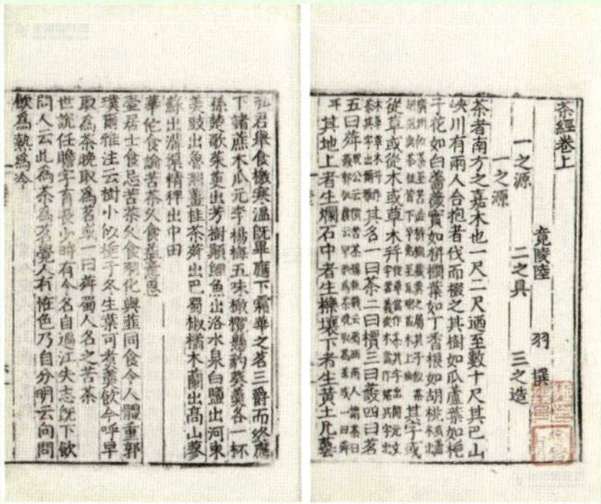

茶經卷上
竟陵陸羽撰
一之源 二之具 三之造
一之源
茶者南方之嘉木也一尺二尺迺至數十尺其巴山
峽川有兩人合抱者伐而掇之其樹如瓜蘆葉如梔
子花如白薔薇實如栟櫚葉如丁香根如胡桃
其字或從草或從木或草木并
其名一曰茶二曰檟三曰蔎四曰茗五曰荈
其地上者生爛石中者生櫟壤下者生黃土凡藝

弘君舉食檄寒溫既畢應下霜華之茗三爵而終應
下諸蔗木瓜元李楊梅五味橄欖懸豹葵羹各一杯
孫楚歌茱萸出芳樹顛鯉魚出洛水泉白鹽出河東
美豉出魯淵薑桂茶荈出巴蜀椒橘木蘭出高山蓼
蘇出溝渠精稗出中田
華佗食論苦茶久食益意思
壺居士食忌苦茶久食羽化與韮同食令人體重郭
璞爾雅注云樹小似梔子冬生葉可煮羹飲今呼早
取為茶晚取為茗或一曰荈蜀人名之苦茶
世說任瞻字育長少時有令名自過江失志既下飲
問人云此為茶為茗覺人有怪色乃自分明云向問
飲為熱為冷

《茶经》（部分）

有茶喝了，作为礼仪大国，人们又开始琢磨，随随便便喝茶是不是太粗鄙了？怎么文雅一点才好呢？于是，茶道诞生了。

《茶经》里记载了唐朝煎茶的一种方法——煎茶道。文中从备器、选水、取火、候汤、习茶五个环节介绍了准备泡茶需要的器具，以及如何挑选合适的烹茶之水，火候如何掌握，如何沏茶，以及如何品茶等工序，十分详尽。而后，宋朝逐渐发展出了“点茶道”，明清时更有“泡茶道”，将茶道文化进一步推广发扬，甚至还传到了大洋彼岸的日本。

茶道的兴起，将茶又推到了一个新的高度。

《封氏闻见记》里“喝茶”已经成一种文化，王公贵族们不仅品茶，还时常一起谈论茶道，讨论煮茶、煎茶的方式，以及制作各种茶具。

喝茶好像一下子有了……精神。

“以茶可行道，以茶可雅志”，茶融入了华夏文明中，就像酒一样，不仅能喝，还可以寄托情感，可以抒发情怀，赋予不一样的独特意义。

“休对故人思故国，且将新火试新茶。”

“矮纸斜行闲作草，晴窗细乳戏分茶。”

“琴里知闻唯渌水，茶中故旧是蒙山。”

……

茶文化，其实和古代的文人是密不可分的。

别茶人，指的是十分擅长鉴别茶好坏的人。“不寄他人先寄我，应缘我是别茶人”，你们能猜到这个别茶人指的是谁吗？没错，就是白居易。白居易特别喜欢喝茶，觉得自己喝出了境界，是数一无二的鉴茶高手，因此也十分不谦虚地给自己取了别茶人这个名儿。

还有苏轼、陆游、郑板桥……也都是嗜茶狂人，不仅爱喝，还爱写，没事儿就把喝茶感悟往诗里写，没感悟的时候就写写优哉游哉的心情，相当惬意。

我们现在喝茶，有很多种选择，绿茶、红茶、黑茶、乌龙茶等，随处可以买到。商场里时常能看到各式各样的名品，其中有很多，都是几千年前慢慢演变流传下来的。

庐山云雾是绿茶的一种，最早起源于汉朝，在宋朝时甚至被列为当时的“贡茶”，可见地位之高，味道之好。世人常用“六绝”来形容这种茶，“条索粗壮、青翠多毫、汤色明亮、叶嫩匀齐、香凛持久，醇厚味甘”，看着都让人馋了。

普洱茶早在三千多年前的周朝时就有了；祁门红茶可追溯到唐代，是红茶中的极品；涌溪火青是一种珠茶，在明朝时期就有了，到了清朝同样凭借自身努力成为了贡茶的一种……

说实在的，细数下来，古代流传下来的好茶真的很多，近代新产的茶也有崛起之势，唾手可得的资源都在这儿了，还喝什么酒？

别宿醉了，快来喝茶吧！保证你不会失望的！

参考文献

《大观茶论》《茶经》《华阳国志》《封氏闻见记》

古代网红美食种草

文／山高水远

种草美食：宋五嫂鱼羹
种草指数：★★★★★
种草人：宋五嫂

“吃了皇帝都说好！”

这个市井小吃可谓是火遍天下，别的不说，就凭它是皇帝亲自安利的。话说，我们的宋高宗某日乘着龙舟游西湖，期间遇到了一个卖鱼羹的妇人，闻着鱼羹飘香四溢便立即买来品尝。鱼羹滑美鲜嫩，令宋高宗大加赞赏，又听闻妇人身世凄凉，不禁决心替她打个广告。

话虽如此，但作为一个吃货皇帝，好吃才是硬道理。据说，鱼羹选用新鲜鲈鱼加葱花、绍酒清蒸，全熟后去掉皮骨，鱼肉加清汤小煮，再加入冬笋丝、香菇丝和火腿。煮开后用淀粉勾芡，搅拌均匀后甩入蛋液，一碗鲜美的鱼羹就出锅了，工序稍有繁复，但胜在美味。

后人有诗云：“一碗鱼羹值几钱？旧京遗制动天颜，时人倍价来争市，半买君恩半买鲜。”

下次去西湖我一定要拔草拍照！

“难道这就是传说中的香飘飘？”

种草美食：辋川小样

种草指数：★★★★★

种草人：梵正

“确认过眼神，是我吃不起的菜。”

这道菜仿佛赤裸裸地告诉我，作为一个优秀的中华儿女，必须要见过它一次。对，是见，不是吃。我一度怀疑，1000 年前，五代十国时期的女僧——梵正做这道菜的目的是为了被载入史册。否则，怎么会开发出这样前无古人、后无来者的东西。

辋川小样，又称辋川风景拼盘。千万不要以为它是一个普通的拼盘。这是梵正用脍、肉脯、肉酱、瓜果、蔬菜等原料雕刻拼制而成，以王维画笔下辋川别墅的二十个风景图为模本。盘中有画，画中有诗。注意！不是 2D！是 3D！

《清异录·馔羞门》记载：“比丘尼梵正，庖制精巧，用鲊脍脯，醢酱瓜，黄赤色汁成景物，若坐及二十人，则人装一景，合成辋川图小样。”

不要以为《辋川图》很简单，据《蓝田县志》描述，《辋川图》“山谷郁盘，云水飞动，茂林修竹，奇石怪树，庭园馆舍，无一不精”。可谓是“写尽人间山与川”。

这样考验刀工、心思、文学修养的菜品哪里还舍得吃，要不是容易坏，多少人得把它当传家宝供起来。就这个创意，给五颗星都嫌少。

种草美食： 萧美人点心

种草指数： ★★★★

种草人： 袁枚

“妙手纤和粉匀，搓酥糁拌擅奇珍。自从香到江南日，市上名传萧美人。”

前有宋嫂鱼羹在前，后有梵正的辋川拼盘紧随其后，那萧美人家的美人，呸，点心又会拿到什么样的成绩呢？最开始出名的是前三个字，萧美人，年少时真是美得惊艳。即使徐娘半老，也是风韵犹存。而说到她家的点心，就得提到一个人，袁枚。翻开清代著名的美食大 V 袁枚的《随园食单》，可以看到他对萧美人点心的评价。

“仪真南门外，萧美人善制点心，凡馒头，糕，饺之类。小巧可爱，洁白如雪。”

袁枚童鞋如此懒得浪费笔墨，约莫是觉得点心一般般吧。

直到我得知，袁枚童鞋偷偷派人征购萧美人家的 8 种点心共 3000 件，船运回南京，逢友必送。光江苏巡抚奇丰额就收到过 1000 件。这……妥妥的铁粉啊！这种不地道的行为仿佛让我看到了苏某人的影子。

但毕竟袁枚的营销方式太特殊，不久之后，乾隆皇帝就听到了风声，立刻入手了 2000 件，分给妃嫔、亲王品尝，大家都说好。于是乾隆爷大手一挥，以后这就是皇家贡品了。

不过萧美人半生清苦，为了维持生计不得已年纪轻轻就在市井摆卖糕点养家，晚年终得老天垂青，可以安心度过。

而当年收到袁枚点心的江苏巡抚作诗一首以此答谢：

酒冷灯昏夜未央，山人忽饷美人香。三千有数君留半，八种平分我尽尝。山月不催人影去，江风犹带指痕香。红绫捧出饶风味，可如真州独擅长。

种草美食：董菜

种草指数：★★★★★

种草人：董小宛

“董菜不是菜，是精神。”

你一定听说过中国的川菜、粤菜、浙菜等八大菜系，那你听说过董菜吗？董菜，是董小宛独创的一种菜系。之所以没有提到具体的菜名，是因为她的每一道菜，甚至零食都是精品。如果说之前的网红小吃外形、口味各占鳌头，那董小宛的菜肴就是集两者于一身，不仅色香味俱佳，还养生保健。

醉蛤如桃花，醉鲟骨如白玉，油鲳如鲟鱼，虾松如龙须，烘兔酥雉如饼饵。

我们常常看到电影中的神厨，即使用最普通的食材，也能烧制出最不普通的味道，而董小宛正是这个理论的实践者。所以，她的佳肴工序总是非常精细，比如最富盛名的“虎皮肉”，又称董肉、跑油肉。制作的大概过程是先选择肥瘦均匀的带皮肋条猪肉，切成长方形，多次入水加酒煮至八分熟。然后趁皮热时抹上糖色，放入熟花生油中煎炸至红色后，再冷却切成薄片。最后加酱料蒸至酥烂，浓汤勾芡并用爆炒绿蔬围绕。此肉——

肥而不腻，咸中带甜，酒味馨香，虎皮纵横，醇香味美。

最后到了炎热的夏季，董小宛会将瓜果榨汁，慢火加细糖精炼。她常常独自坐在火炉边监看，控制火候。这种“董氏果冻”色如琥珀，入井冰镇后，清凉爽口。

如果平时无聊看书又想吃点什么……这就要大名鼎鼎的网红零食——董糖上场了。作为当年疯狂被种草安利的零食，必须入手啊！有木有？听说是用上等白面、饴糖、去皮芝麻、果仁、玫瑰和桂花制作的酥糖，入口易化，老少皆宜，甚至暗含漱口水的功效，吃一口，满口留香。有一年，抗清名将史可法路过时，董小宛亲自制作董糖款待贵宾，并且多做了两箱酥糖，请客人犒劳将士。史可法离开时连忙道谢：“此去扬州，如能获胜，必派人来学做此糖。取名董糖，遍飨全军。”《崇川咫闻录》载，“其精美，首推董糖，冒巢民妾董小宛所创。”

种草美食：陶方伯十景点心

种草指数：★★★★

种草人：袁枚

“吃孔方伯薄饼，而天下之薄饼可废；吃陶方伯十景点心，而天下之点心可废。”

萨制军曾说过，吃过孔方伯家的薄饼，全天下的薄饼都没有必要去吃了。吃过陶方伯家的点心，全天下的点心都没有必要去吃了。

每年春节的时候，陶方伯夫人都会亲自做点心，用的都是山东飞面，共十种，颜色不一，奇形怪异。比较甜，适合喜欢吃甜的小可爱。每年去买的人把他们家门槛都快踏破了。当然，美食博主袁枚童鞋也热情推荐过。不过可惜的是，自从陶方伯去世，十景点心的制作方法就失传了，成为了美食界的《广陵散》，太可惜了。

玉立佳人

CHAPTER

3

SPORT

体坛快讯

快訊

Sports News

有射箭可以射到几百米远的人吗？我不信

文＝明戈

说起射箭，大家的第一反应肯定是冷兵器。作为一个兵器，怎么就成了最受古人喜欢的运动之一了？这我们得从头说起。

古人一开始打仗时，用的都是刀枪剑戟斧钺钩叉等近战武器。清一色的半贴身肉搏，纯天然人工续航。

而远攻的武器就差很多了，只有弹弓、扔石头和疯狂的小鸟。可这些方式，准度都很差，本来要砸李老头的玻璃，结果打翻了孙大娘的酸菜缸。要是用到军事上，基本上一队人马就凉了。

传说炎帝和九黎氏族约架时，炎帝部落有个叫少昊的小哥哥，爱好科研。某天他去小溪边溜达，突然被一根有弹性的树枝抽了一下。他忍住了砍树的冲动，拿着树枝研究起来。他发现如果在两端绑上绳子，再用另一根直枝子放到中间，一拉一送不仅能射出去，还能瞄准目标。

炎帝一看：“呵！牛啊！”于是立刻下令好好研制弓箭，投入生产。

汉朝刘熙曾在《释名·释兵》中对弓有过详细的描述：“弓，穹也，张之穹隆然也。其末曰箫，言箫梢也；又谓之弭，以骨为之滑弭弭也。中央曰抚，抚也，人所抚持也。箫抚之闲曰渊，渊，宛也，言宛曲也。”这便是投入生产的成品弓外貌。

后羿去工厂拿起来一瞧，哇，这装备简直是为我量身打造的啊。正好天上太阳多，走！射日去。于是就有了著名的传说“后羿射日”。

这下子，弓箭火了。

火到什么程度呢？春秋战国时期，它已经成了冷兵器之首。毕竟远攻可以射之，近战可用箭扎之，部队露营弓能为弦，改善伙食箭能撸串，简直是十项全能。

箭头摄影

面对如此神器，古人别提多喜欢了。不仅打仗时候用，还把它列入了六艺，《周礼·保氏》中写道：“养国子以道，乃教之六艺：一曰五礼，二曰六乐，三曰五射，四曰五御，五曰六书，六曰九数。”

不论是在国君会盟，还是各类宴会上，“射”都被当成一种礼仪。像我们知道的大V孔子、荀子什么的，没事都喜欢射射箭陶冶一下情操。

而他们这种玩法，就称之为“文射”了。毕竟文人雅士射起箭来，怎么能和凡夫俗子一样呢？他们认为射箭是高雅、艺术、互相谦让的，有礼有义才行。

所以当时的射箭活动是要有酒的，不仅有酒，还要有奏乐。大家边射箭边随着韵律摇摆喊麦：“兄台，好箭，好箭！”

而后世，文射愈发讲究了，从明代王阳明所著的《观德亭记》中就可见一二。

“君子之于射也，内志正，外体直，持弓矢审固，而后可以言中。故古者射以观德。”不仅仪容着装要得体，射的时候要有自己的态度，还能从射箭中看出你的人品道德。

相比之下，武射就没那么多要求了，管你是穿衣服还是裸奔，有没有BGM，只要箭法好，你就牛。部队或是民间的比赛，也都是自行举办，没有什么专业性可言。可比起文射，武射虽无章法，却是十分恐怖。

像我们现在的弓箭爱好者，一般是开30千克的弓。而根据宋应星在《天工开物》中的叙述：“上力挽一百二十斤，过此则为虎力，亦不数出。”古代军中的标配是60千克，强健者能开70千克左右的强弓，更高者统称为“虎力”。也就是说，我们一般人去开古人的弓，不仅拉不开，还容易把自己射出去。

李广曾在夜间以石为虎，能把箭没入石中，从此封神。强弓的威力可见一斑。

武射不仅对于力气有要求，对准度的要求更为苛刻。除了百步穿杨的养由基，纪昌就是另一个教科书般的代表。

纪昌师从飞卫，学了一手盯虱子的好功夫，能把虱子看成车轮大。后来翅膀硬了自己单飞，想成为全国第一，便决定除掉飞卫。终于有一天俩人在野外相遇，于是举行了一场小型擂台赛。

没想到两人射出的箭皆在空中相撞，掉落在地。最后飞卫的箭射光了，只得用棘刺去挡纪昌的最后一箭，竟分毫不差地挡了下来。

这场比赛的结局是：两人在大马路上相拥而泣，认为父子，并彼此发誓再也不把这种技术传给任何人。这个故事告诉我们……在古代射箭比赛时，多带一支箭，出门好相见。

等到了魏晋南北朝时期，射箭活动就不像原来那样小打小闹了，瞬间专业起来，变成了立体化、大纵深的大型高端射箭赛事，而且有了世界上第一场奖杯赛。

《魏宗室·常山王遵传》中记载，北魏孝武帝在洛阳举行了一场比赛。他把一枚能容两升的酒杯挂到百步外，让19个参赛运动员进行射箭，谁射中了，奖杯归谁。

嗯，所以叫“奖杯赛”。

如果当时他选的是黄马褂，我们就有了世界第一场“黄马褂赛”，简称“黄马”。

除了他，其他皇帝们也很喜欢射箭。

《左转》中曾记载：“春蒐，夏苗，秋狝，东狩。”这是每个季度君主都要做的事情，并且从先秦开始一直被后世所延续。别看这是四个词，其实说白了就是一个意思——狩猎。每个季节都要射箭打猎，不射不行，老祖宗的规矩。

所以古代影视作品中经常出现宫中狩猎、射箭等活动就不奇怪了，毕竟皇上喜欢。而且还可以借着体育活动的理由郊郊游、踏踏青，顺便救个紫薇和楚乔。

在民间，哪家哪户要是生了男孩，也会在门口挂一张弓来辟邪、许愿。来期冀男孩长大以后身强力壮，骁勇善战。

可见射箭在古代人们的生活中有多重要，可谓老少皆宜，是社交活动、宫廷表演、居家旅行的必备良品啊。

看！那里有个大力士

文‖牟昊

在古代，举重是中国人民喜闻乐见的一项体育运动。按时间先后顺序，我来给大家介绍几位举重界的大佬。

抚梁易柱：帝辛

帝辛，也就是我们熟知的暴君殷纣王，商朝末代君主。

帝辛可能是历史记载中最早的举重表演艺术家。只不过他举的不是鼎，更不是杠铃，而是房梁。

西晋皇甫谧在《帝王世纪》中记载：帝辛能倒曳九牛，抚梁易柱。

好嘛，能倒拉九头牛，还能托起房梁

换柱子，这暴君还真不是一般的厉害。

力托城门：叔梁纥

春秋时期，鲁国有位虎将，名叫叔梁纥。提起他，可能知道的人不多，但他的儿子你一定熟悉：孔子。

话说公元前 563 年，晋国联络鲁国等几个诸侯国，共同出兵去讨伐一个小国，叫做逼阳国。叔梁纥作为一名鲁国将领，也随军出征。

诸侯联军包围逼阳，逼阳人使了个计策，大开城门，诱联军进城。联军乱哄哄地冲进城去，逼阳人突然将城门放了下来。

联军的队伍眼看就要被拦腰截断，首尾不能相顾，正在这危急关头，叔梁纥站了出来，他双手一用力，硬是把迅速下坠的石门给托了起来。已经进城的联军这才得以全身而退。

逼阳人在城上看得目瞪口呆，都忘了追击。

顺带一提，虎父无犬子，孔子也不只是我们印象中温文尔雅的老教师形象，据《吕氏春秋》记载："孔子之劲，举国门之关，而不肯以力闻。"

国门之关就是诸侯国都城门的大门栓，孔子能把数丈长的大木栓举起来，也算得上是个举重高手了。

扛鼎绝膑：嬴荡

战国时期的秦武王嬴荡，重武好战，特别喜欢跟人比赛角力。说白了就是力气大，还爱显摆。

据《史记·秦本纪》记载，公元前 307 年，嬴荡率领秦军东征西战，到了周朝的宗庙里，他看到了九个大鼎，欣喜若狂。

当年夏禹收集九州之铜，铸成九鼎，重数千斤，用以代表周王室的权威。后来的"楚庄王问鼎"事件，以及成语"一言九鼎"，都是说的这九个鼎。

嬴荡看到传说中的九鼎，老毛病就犯了，非要拉着手下几个大力士比赛举鼎。结果嬴荡力不从心，手一滑，鼎掉下来把腿给砸折了。

下人将他抬回去养伤，当天晚上就死了。享年 23 岁。

力能扛鼎：项羽、刘胥

项羽就不用多介绍了，秦朝末年大名鼎鼎的西楚霸王，曾说自己"力拔山兮气盖世"，是举世无双的大力士。《史记·项羽本纪》记载项羽"长八尺馀，力能扛鼎，才气过人"。

另外，汉武帝刘彻的第四子刘胥也是个大力士，比项羽差不了多少。《汉书·卷六十三》："胥壮大，好倡乐逸游，力扛鼎，空手搏熊彘猛兽。"

当然了，他们举起的鼎不是夏王室的九鼎，所以与嬴荡没有可比性。举鼎这项运动在春秋战国时期还是嬴荡这种愣头青自娱自乐的小众游戏，而且一次都没玩完就死了。至秦汉时期，举鼎已经逐渐普及，“力能扛鼎”几乎成为一个大力士的衡量标准。

运甓习劳：陶侃

这位大哥的举重方式非常特殊，隆重介绍一下：陶侃，东晋著名儒将，同时还是田园诗创始人陶渊明的曾爷爷。

《晋书·列传第三十六》记载，陶侃在家赋闲的时候，每天早上都把上百块砖从书房搬到院子里，一到傍晚又把这些砖搬回书房，忙得不亦乐乎。

街坊邻居表示有点慌：“您这是在家里盖城堡呢，还是打造什么秘密武器呢？不会伤到我们吧？”

陶侃哈哈一笑：“健身而已！我打

算将来带兵收复中原失地，家里太安逸，我怕自己疏于锻炼，所以用搬砖来代替举重，磨练意志。”

哇哦，原来是搬砖界的鼻祖，佩服佩服。

怒投石狮：汪节

唐朝出现了武举考试，考试内容除了骑马射箭之类，还有举重。举重器材是一种特制的木杖。与此同时，民间也出现了很多举重类的娱乐项目，在很多文人笔记中都能找到记载。

据《歙州图经》记载，绩溪县太微村有个叫汪节的人，天生神力。

汪节到长安参加武举考试，路过东渭桥，桥边有个石狮子，重有千斤。汪节跟桥上众人打赌：“我能把它拎起来，扔到一边去。”

吃瓜群众纷纷表示不信。

于是汪节轻轻一提，石狮子就离了地。用力一抛，“忽”的一声，石狮子飞出去一丈多远。大家都吓傻了。

汪节拍拍巴掌就继续赶路了，吃瓜群众怕惹出乱子，急忙要把石狮子搬回原位，结果几十人喊着号子一通忙活，根本就抬不起来。只好又追上汪节，请他回来把石狮子移回原处。

汪节的神迹传遍京城，还上了长安小报的头条新闻，知名度迅速飙升。不久就入选禁军，后来被任命为神策将军。

某天，唐德宗李适要求汪节表演神力，于是汪节又露了一手：

他俯身跪在地上，背上放一个大石碾，碾上放个两丈见方的木板，木板上又放了一张床，让来自西域龟兹国的一个交响乐团全都坐在床上，演奏乐曲。

一曲终了，唐德宗下令把东西撤下，汪节气不长出，面不改色。满朝文武都惊为天人。

抛耍石墩：武松

宋朝，民间最常见的举重项目就是举石墩子。比如《水浒传》里，施恩要请武松帮自己夺回快活林，但不知武松身体恢复得如何。武松就地找了个四五百斤的石墩子，表演了一番。原文如下：

武松便把上半截衣裳脱下来，拴在腰里，把那个石墩只一抱，轻轻地抱将起来。双手把石墩只一撇，扑地打下地里一尺来深。众囚徒见了，尽皆骇然。武松再把右手去地里一提，提将起来，望空只一掷，掷起去离地一丈来高。武松双手只一接，接来轻轻地放在原旧安处。回过身来，看着施恩并众囚徒。武松面上不红，心头不跳，口里不喘。施恩近前抱住武松便拜道："兄长非凡人也！真天神！"众囚徒一齐都拜道："真神人也！"

这是宋朝举重项目中一套完整的常规动作。唐宋时期的举重，基本都是举石墩、石锁，而且动作上是提举和抛掷结合在一起。到了明清时期，变化也不大。

本期的"古代举重表演艺术家"鉴赏栏目就到这里，感谢大家收看。

《水浒传》

让我们一起策马奔腾活得潇潇洒洒

文＝鹿台山君

里约奥运会上华天小哥哥一人代表国家参加马术比赛的飒爽英姿，是不是很让人热血沸腾？我们也想在蓝天白云之下、绿茵草场之上潇洒恣意、策马飞奔呢。可惜在现代社会的钢铁丛林里，别说骑马了，很多人连马都很少见到。就算有马，还得有片可以放纵奔跑的草原啊，不然纵马上街，交警小哥可是会对你“Say Stop”的。

那是不是在古代就好一些呢？那当然了，古时候的一匹宝马可真就堪比现在的“宝马”，可谓赛马如飙车，而且还有大型团体对抗赛的马球比赛和花样炫技的马伎表演，可谓是种类繁多，热闹非凡。现在就让我们看一看这项在古代火热非常的体育运动吧。

说到马术运动，第一个想到的就是赛马了，简单、易懂、好操作。古时候赛马又称“走马”“驰逐”。想必大家听到过最早的关于赛马的故事就是“田忌赛马”了。

在战国时期，赛马在齐国相当流行，田忌与齐王诸公子赛马，发现自己的马与诸公子的马相差甚远，于是大军事家孙膑就给他出了个“以下马对上马，以上马对中马，以中马对下马”的主意，果然赢得了比赛，而这种以弱胜强的竞技技巧到现在都非常具有启迪意义。

到了魏晋南北朝时期，这种普通的竞速比赛已经不能满足广大赛马爱好者的需求了。当时因为匈奴、鲜卑、羯等少数民族相继进入中原，骑术在各民族的交流中有了极大的发展，于是赛马也多了很多比较有难度的花样，比如说北魏时期的名将傅永，他就是能手持鞍桥，倒立在马上驰骋的强人，而他的儿子傅叔伟则能够站立在马上与人角逐竞赛。

而赛马运动真正规模化起来则是在由少数民族建立政权的元、清两朝。

建立元朝的蒙古人生长在马鞍间，无论男女老少皆是骑马的好手，赛马更是经常性的体育健身活动，其中规模最大的是祭敖包时举行的赛马比赛。参与这样一场空前规模的比赛，首先你要有一匹与自己配合默契且脚力十足的好马。如果赢了呢，你的马会被赐名“阿拉坦萨德勒”，即“金座子”，而你也能得到王公贵族的赏赐及荣耀。但若是输了呢，尤其是不幸得了个倒数第一，那不好意思，人家会给你头上浇酸奶子以示讥笑，不过别恼火，这也是一种激励不是？还有一种可能就是比赛途中遇到障碍导致马受伤了不能继续比赛，在这种情况下你如果能徒步跑回终点，作为对你顽强拼搏、精神可嘉的鼓励，也是能算获胜的。现在蒙古族举办完隆重的祭敖包之后，还会举办传统的赛马、射箭活动。每年农历五月一十三，不必穿越也能看到大型草原赛马，有兴趣的同学们可以亲临现场感受一下。

而同样作为少数民族政权的清朝，更是将骑射当作武功的标志和胜利的象征，赛马活动广泛开展，尤其是康熙时期，每年都要举办一两次规模盛大的赛马活动，到这时无论皇子、朝臣，甚至是皇帝本人都会择马参赛。不过和元朝的竞速比赛不同，清朝流行耐力赛，就是看谁跑得远，堪称赛马场上的马拉松。法国人白晋所著的《康熙皇帝》一书中就有记载，说当时参赛的骑手，有的一口气可跑六七里远，每次比赛都会有两三个人和自己的坐骑一同跑死……尽管如此，人们依旧乐此不疲，可以说是非常拼了。

如果你觉得赛马比较单调，既不能

玩对抗，又不能打配合，缺少一点更让人血脉喷张的刺激，那么你就可以选择马球了。

马球又称“击鞠”“击球”，相传是从波斯，途径土耳其、西藏传入中原的。刚传入唐朝时，唐太宗李世民就非常喜欢看西番人打马球，但后面又觉得自己作为中原大国的皇帝，学习观赏西番人打球与身份不符，故而还“焚此球以自诫”。当然马球的魅力靠太宗皇帝自省是阻挡不住的，马球热很快就在唐朝风行起来，无论是李贤太子墓、莫高窟的壁画，还是唐人的诗文，甚至连出土的唐代铜镜都有专门雕绘打马球场面的“马球镜”，其盛况可见一斑。

马球为什么这么流行呢？首先是因为打马球对骑术要求比较高，经常组织马球比赛可以有效地提高军队的骑术水平。有了这么一条有利于练兵的高大上理由，唐朝的皇帝再也不用担心热衷马球运动与身份不符，需要“焚球自省”了，反而可以堂而皇之地推广起来。“上有所好，下必盛焉”，再加上马球本身就是一项非常激烈、刺激的运动，于是很快就在唐代形成了皇室喜好、军队重视、文人擅长、妇女也乐于此的可喜场面。

那么如何进行一场马球比赛呢？

正所谓“工欲善其事，必先利其器”。一匹好马肯定是必须的，然后得有球杖，当时的球杖一般长数尺，端如偃月，绘有彩纹，所以又称画杖或月杖，据说长得有点像今天的冰球杆。再就是要被击打蹂躏的球了，打马球所用的球大小如拳，木质镂空，上有彩绘，故而又被称之“彩球”或“七宝球”，总之这些器具个个华丽。器具准备到位了，还需要队友、对手，跟围观喝彩的观众。

《杖前飞》一诗中就有对马球运动的详细描述。时间是仲春，草木新发，雨后无尘。比赛地点是林间的马球场，而观众则是各界仕女。比赛的队伍是青队、红队。可以想象这两队的选手是怎样在楼上观赛的美人喝彩声中昂然登场的，比赛很快就变得激烈起来，诗中的描述是："银蹬金鞍耀日辉，场里尘飞马后去，空中球势杖前飞。球似星，杖如月，骤马随风直冲穴。"

打到最后人的衣服也湿了，马也不停地流汗，就问："需要休息一下吗？"

这群打到酣处的选手们连连摇头："不休息，不休息，除非马乏人困打不动了，不然还可以挑灯夜战呢！"

马球运动在唐朝盛极一时，到了宋朝也不遑多让，宋太宗甚至专门建立了马球制度，统一了马球规则，使马球成为宋王朝的一项固定比赛制度和隆重的军礼之一，一直到明清时期这项运动才开始渐渐走了下坡路。

除了赛马和马球，古代还有一种表现花样骑乘的马术运动，被称之为马伎。马伎与当代奥运会中彰显优雅协调，被誉为"马中芭蕾"的花样骑术不同，中国古代的马伎是真的花样繁多，不仅炫技还试胆。

孟元老所著的《东京梦华录》就非常详细地描述了许多当时的马伎表演。

比如说"马上弄丸"就是一个表演者立在奔腾的骏马之上，左右手拿着球杆玩抛接球，简直就是一种高难度的马上杂技啊。不过个人认为这种表演非常适合马球比赛中场休息时的热场呢。

再比如说"拖绣球"，就是一个人骑马用红锦索拖住一个绣球飞奔，其他人骑马追逐射之，而且还得有技巧地射，左曰 "仰手射"，右曰"合手射"。

除此之外，还有双人配合的，有射柳的，有耍旗的，种类繁多，不一而足。其中最惊险的当属唐人赵璘在《因话录》中记载的"军中透剑门伎"了。

文中记载："军中大宴之时，庭中设幄数十步，宛若廊宇，编剑插之，剑尖向内，形成一条剑锋通道，宽窄仅容人马相合，而骑手在一端立定，然后对准通道，挥鞭策马，疾驰而过。这稍有偏差，可就会连人带马被刺成血葫芦了，可其见凶险。"

回望这些马术运动的盛况，是不是让人感到心潮澎湃呢？虽然没有现代的奥运会、世界杯，古代的人们还是以自己的方式潇洒恣意地活着呢。

谁说高尔夫只有有钱人才能玩

G—o—l—f

文 = 明戈

说到最早的高尔夫，你脑海中冒出的关键词是什么？

1. 一群闲得无所事事的贵族，一望无际的草坪，有五百平米大的庄园，优雅文艺的古欧洲。

2. 书墨浓郁的中国古代，人声鼎沸的市井，生活朴素的普通人。

如果你选了 1，那么恭喜你答错了。

是的，不要质疑你的眼睛，很多年前，我国古代就有高尔夫了！

坚圆净滑一星流，月杖争敲未拟休。无滞碍时从拨弄，有遮栏处任钩留。不辞宛转长随手，却恐相将不到头。毕竟入门应始了，愿君争取最前筹。

从唐朝鱼玄机的《打球作》中就能看出来一些高尔夫的影子了。只是这时候它还没发展成高尔夫，而是叫打马球。顾名思义，是结合了打球和骑马的一项运动，很流行，也很适合贵族，没点银子和地位的寻常百姓是玩不起的。

后来大家一合计，为了使这项运动更加平民化，反正重点也在打球，实在没马咱就自己跑呗，于是就有了步打球。《资治通鉴・唐纪六十九》记载：“凡击毬，立毬门于毬场，设赏格……”大体和现在的曲棍球差不多，有队员也有球门。

可变成步打球后也没有想象中的方

便，毕竟还要建门什么的。劳动人民的智慧是无穷的，这点小事怎么能难住他们呢？

没有球门，那就设置个球坑（球窝）。

你瞧瞧，这就有高尔夫的样子了吧。管它是田间地头还是自家后院，刨个坑就能玩，又经济又实惠。无处不球场，无时不运动，一天挥一杆，强壮中国人。

发展到这时候，这项运动就叫捶丸了。

南宋文献《挥麈后录》中云："孟知祥初镇成都，见蜀人击球，一棒便入湖子者，谓之猛人。"这里的"湖子"便是球窝。大致意思就是说，孟知祥入蜀的时候，看见成都人玩捶丸。可见晚唐时期，国产高尔夫已经初见雏形。

而根据我们后来的考古发现，在成都市中区唐代地层中有很多陶球、木球、瓷球……上面都有被捶打过的痕迹。也就是说，当时的捶丸是什么球都用的，除了铁球，是球就行。

到了宋朝，捶丸开始流行起来，下至黄发小儿，上至九五至尊，都喜欢玩一玩。

山东泰山岱庙雨花道院翻修马道的时候，发现了几块宋代的"土衬石"。其上的宋代婴戏石刻中，有一幅画便是一童子分腿而立，右手执球，左手执一月形球杖上举。这就是宋代捶丸的景象。

后来大家嫌过于直接玩起来没意思，竟然还出了体彩。有的人猜输赢随便玩玩，上瘾倾家荡产也有不少。不过好在当时民风淳朴，没有出老千的，也没有设局骗钱的。

如果说平民百姓玩的是廉价版，那皇帝玩的就是公开赛。

在一众皇帝里，最出名的一个玩家就是宋徽宗，他可以说是捶丸的顶级爱好者了。先抛开技术不说，就他那一套装备，足够在北京二环买套房，还是精装级别的。

毕竟是皇帝，人家用的那东西就不一般。据《丸经》记载："至宋徽宗、金章宗，皆爱捶丸，盛以锦囊，击以彩棒，碾玉缀顶，饰金缘边，深求古人之遗制，而益致其精也。"

即平时装球的包是个锦囊，球杆要用金子镶边，美玉饰顶，一杆子下去，全是人民币的味道。

一起打球吗？

G o l f

好呀！

自从入了这个坑，人家平日里也不干别的，就琢磨这个球怎么能打得更好，杆怎么做能更好看。就连在国之将亡的时候，他还站在球场上，用力挥下一杆，遥望小鸟进洞。

等到元朝，捶丸就已经发展得非常成熟了，甚至出现了一本专门论述捶丸的书——《丸经》。

书里详细地写了关于捶丸的大小事宜，比如玩的场地一般都在野外。“地形有平者、有凸者、有凹者、有峻者、有仰者、有阻者、有妨者、有迎者、有里者、有外者”，简直是高低起伏，要啥有啥，山峻水阻应有尽有。

此外，书中还记叙了捶丸比赛的三种记分方法：“大筹二十，中筹十五，小筹一十。”如果比赛是大筹，就以打满二十筹为胜。“倘赢得十九筹，是遗一筹，若以一筹利物不可得矣。”即为必须打满分才能算赢。

待到明朝时，捶丸虽然也有很多人玩，但已经有些不合时宜了。所以如果你爱打高尔夫，一定要回到宋元时期，说不准能成为古代版的老虎伍兹呢。

大人，我们没有聚众斗殴，我们只是在摔跤

文＝貉稚

W r e s t l i n g

“围在一块儿作甚？聚众斗殴？大胆！”

好的，今天让我们来讲讲摔跤。

那边那个同学，你笑什么，严肃一点！

什么，你说打架斗殴？嗨，停一停，你打得过人家吗？

摔跤，一个延续了五千年的古老项目，你以为只是打你一顿这么简单的？

你问我摔跤是怎么开始的？

话要说回五千年前，一本叫做《述异记》的奇书记载，当时，黄帝部落与蚩尤部落进行了一次大战。蚩尤部落的人搞了一套先进技术，把刀剑一样的假角戴在头上，像蛮牛一样手脚并用，见谁撞谁，所向披靡，谁都打不过。这帮人就非常自豪地把这种作战方式称为“角觝”。

撞着撞着，还怪有趣的，大家就上瘾了。独乐乐不如众乐乐，以角抵人的战斗逐渐变成了大家头戴牛角两两相抵的游戏，这就是所谓的“蚩尤戏”。到了秦汉时期，一度还搞出了表演赛。《汉

武故事》上说，汉武帝在徒手对打的基础上，还出现了“并四夷之乐，杂以童幼，有若鬼神”的大场面。这种有音乐伴奏，有故事情节的角觝（dǐ）已经开始脱离武打，步入了戏剧的行列。

自从出现了角觝之戏，摔跤的娱乐性、观赏性就大大增强，这时候不得不提一个热衷此道的皇帝——三国时期东吴的孙皓。据《江表传》记载，这位皇帝在历史上是有名的荒淫无度，他喜欢看后宫的美女们戴上名贵的首饰，然后光着身子摔跤。这些纯金首饰十分脆弱，又被用来摔跤，常常是早上打造，晚上就坏。孙皓一想，我是皇帝，反正我有钱啊，首饰一坏也不修了，马上就找人另做。东西坏得太频繁，工匠们也想：

反正坏了要浪费，还不如给我。于是趁机偷首饰，国库很快就瘪了，国家也衰败得差不多了。

从南北朝时期开始，角觝出现了一个新名称，那就是相扑。

这项被日本人称为“大相扑”或者“素舞”的运动，是当初在日本允恭天皇的葬礼上，中国特使表演后才传入日本的。相扑双方上身赤裸，下身光腿赤足，只穿一条兜裆短裤，露出一身矫健的肌肉，在巴黎收藏的敦煌唐代写经上，就能够看到两个赤身、着犊鼻裤者相扑的形象。

这时候有人要说了，摔跤这种带有一定危险性的比赛，打着打着万一出人命了呢？事实上，许多史料上对摔跤都用了“扑杀”一词，当时摔跤没有交流技艺一说，一般都是谁死谁输。

别担心，为了避免担负人命官司，这时候就要说说宋代人想出来的一个好办法：要想打比赛，先立生死状。

立了生死状还不够，大家都怕死啊，有些人就千方百计地想作弊。当然，魔高一尺，道高一丈，宋朝人先是给摔跤比赛设了裁判，起名“部署”。接着在比赛开始之前，还要宣读被称为“社条”的比赛规则。在《水浒全传》第七十四回中，燕青与任原的摔跤竞赛就提到了这一规矩。

当比赛要开始时，部署就先喊他的“社条”：“上半身都给我脱光！看谁给我藏暗器！”光脱掉上衣还不够，还要在场上走一圈，向看客们致意：“老爷们，我真的啥也没带啊！我要带暗器我是您孙子！”这还不算完，签完生死状，“部署”最后还要警告一下：“谁敢玩阴的，哼，你们自己看着办！”

作为宋朝最热门的大众体育运动，临安城还有一个专门的相扑擂台供全国各州选手进行有奖竞赛。这个比赛规格非常高，只有“膂（lǚ）力高强、天下无对者”，才有可能获胜。当然，获胜的奖励也很不菲，大笔的奖金和奖杯锦旗足够让选手们满怀豪情地竞相角逐。

倒数第三排那个同学，书收起来，不收起来没收了啊！单词回头再背！我跟你说，你不要看不起摔跤。摔跤也可以当状元的！

到了宋代，相扑受到了宫廷的热烈追捧。司马光在《涑水记闻》中记载，大宋开宝八年，宋太祖赵匡胤开科选仕。选上来最顶头的两位是王嗣宗跟陈识。这两个人文章都写得很好，状元迟迟定不下来。想了想，宋太祖就把他俩都喊上殿来了。

“皇上万岁万岁万万岁！”两人上来先跪，然后和皇上一通寒暄。

皇帝说：“这卷子我判不了，既然大家都说文武双全，我有个主意，你们打一架吧。”

皇帝本来只是想羞辱一下他们，结果两位状元也没什么心眼儿，一脸茫然地就打起来了。

主考官一看不对，“扑通”一下跪下了：“陛下！选状元又不是斗蟋蟀，也不是斗鸡，成何体统！”

皇帝瞥了他一眼，没理他，笑嘻嘻地看着王嗣宗把陈识撂倒了，就给他点了状元。

皇帝走远了，主考官还跪在那呢。最后王嗣宗把恩师扶起来，老头“哇”的一下就哭了：“今天摔跤定状元，天下读书人的脸都丢完了！”

王嗣宗一脸尴尬地打起精神回答他的老师：“虽然我是靠摔跤上来的，但学生的本心还在，会做个好官。”

这番话很快传到皇帝耳朵里。皇帝非常高兴：这小子可以啊，胸有大志。不出所料，后来这位“手搏状元”果真成为了大宋朝的栋梁，历经太祖、太宗、真宗三帝，一度官至宰相。

顺带一提，传统的相扑选手是有女孩子的，官方表演也有。她们穿着内衣进行摔跤，着装火辣，身形曼妙。

当初，北宋有一年元宵节，以女相扑的表演开场，宋仁宗十分高兴，“赐予银绢”，结果在场有一位保守人士当时就有小情绪了。十天后，这位叫司马光的官员上了一道《论上元令妇人相扑状》，说皇帝："后妃侍旁，命妇纵观，而使妇人裸戏于前。"明里暗里提醒皇帝，聚众表演有伤风化啊，不行不行。从此，女相扑就不再登堂，只在民间的瓦舍勾栏里才看得到。

元代摔跤的盛行简直是理所当然。元朝王室起于择水草而居的彪悍北方游牧民族。骑马、射箭和摔跤，这三项被称为"男子三项竞技"，是他们推举部落联盟首领的标准。

在清代，作为王室的满族也是十分重视摔跤的。清代摔跤的形式实际上有两种：一种是布库，从女真人骑马打仗的"拔里速戏"中发展出来。布库就是两个光着头、身穿白色窄袖短上衣、脚蹬黑色直统靴的人伺机等待，伸腿伸胳膊互相扭绊，谁摔倒另一个就算赢，赢的人被赐予平时喝不到的美酒，这是满蒙的民族式摔跤。另一种则叫厄鲁特，是清政府和王室联络感情时用的，不仅要把对方摔倒，还必须按住对方脑袋使其双肩着地才算取胜，谁赢了有羊肉羹吃。

在清代，一方面，摔跤作为军事训练，在八旗军中经常开展布库比赛。根据清王室爱新觉罗·昭梿所著的《啸亭杂录》记载，由于内卫的布库高手没一个能打的，礼亲王刚满二十岁的儿子，力大无匹的惠顺王还曾经假扮侍卫和来挑衅的蒙古使臣决斗，只一跤就让刚刚还在嚣张的对手"应手而仆"。

另一方面，摔跤更是潮流所趋，是清朝和蒙古族诸王联欢的保留节目。在康熙、乾隆盛世，几乎年年都要在木兰举行围猎和塞宴，摔跤作为"塞宴四事"之一，受到大家的热烈欢迎。

总而言之，摔跤呢，作为一项千年传承的体育活动，可是一个从平头百姓到天潢贵胄都热爱的运动，其背后有无数怪奇奥妙的故事。有这么深刻的文化含义，怎么能简简单单地叫打架呢？现在懂了吧？

诶？最后一桌的同学，这会儿还上课呢！怎么突然就打起来了？好好的课堂，你们干什么？聚众斗殴吗？

老师，我们没有聚众斗殴，我们只是在摔跤！

相扑

一箭双鹿图（局部）

Sport

有没有什么好一点的运动方式推荐一下？

古代人民到底有哪些娱乐游戏？

项目一 蹴鞠

说到运动娱乐，当然不能忽略足球了。从古至今，蹴鞠都是广大人民群众所热爱的一项运动。

蹴鞠就是指古人以脚蹴、蹋、踢皮球的活动，早在战国时期中国民间就流行娱乐性的蹴鞠游戏，从汉代开始又成为兵家练兵之法，宋代又出现了蹴鞠组织与蹴鞠艺人，清代开始流行冰上蹵鞠。

《太平清话》《战国策·齐策》中多有记载。

建议人群

身体素质好，长期从事体育锻炼人士。高龄人士请慎重选择，有骨折、闪腰等风险。

体验感： ★★★★

危险指数： ★★★☆

项目二 冰嬉

古代冬季，北方人民最热爱的一项运动来了——滑冰，在古代我们称之为“冰嬉”。

冰嬉亦称“冰戏”，是我国北方人民一项传统的体育活动。起源于何时，现不可确考。早在宋代之时，皇帝就喜欢冰上的娱乐活动，在后苑里“观花，作冰嬉”。这项活动在元明时期初见规模，至清代而大盛。

《清语摘钞》《白戏竹枝词》都有记载。

体验感：★★★★

危险指数：★★★☆

建议人群

平衡能力好、身体素质强健、抗寒人士。最好会游泳，万一冰面破裂，掉入湖中还可以自救。

项目三 木射

如果不想出门，但又特别想找点事儿活动活动怎么办？看来木射很适合你了，别看这名字土土的，这可是“保龄球”的前身。

木射，又名十五柱球，是游戏者轮流以木球撞击十五根笋型立柱的一种室内活动形式，产生和兴盛于唐代。

《郡斋读书志》曾提及此说法。

建议人群

全年龄人士，养生、锻炼均可。想要寻求刺激人士可以前往下一个项目。

姐妹，打保龄球么？

体验感：★★★

危险指数：★☆

项目四 技巧

这项运动就不建议大多数人参与了，但我们可以当观赏嘉宾，毕竟它对身体的要求太高了。“技巧”？听起来怎么怪怪的，换个词你就明白了，这就是体操。

早在秦汉时期的杂技中，就有倒立、翻筋斗等技巧动作。盛行于汉代的杂技，后来又成为元代戏剧等文艺形式的表演手段。这种运动的主要项目有筋斗、倒立、柔术、戏车、戴竿、绳技等，其中许多项目都需要高超的身体技巧。

体验感：★★★★★

危险指数：★★★★☆

建议人群

习舞以及身体柔软人士，不建议没有基础的人士上。没有舞蹈基础的人士可以在底下观看。

项目五 投壶

投壶是古代士大夫宴饮时的一种投掷游戏，也是一种礼仪。注意，要是你运气准头不好，输了可是要照规定的杯数喝酒的。

据《礼记·投壶》记载，以盛酒的壶口作标的，在一定的距离间投矢，以投入多少计筹决胜负，负者罚酒。投壶常在宴会上玩，以助酒兴。王建的《宫词》之七十七写道：“分朋闲坐赌樱桃，收却投壶玉腕劳。”宫女们分成两群赌樱桃玩，玩投壶这种游戏玩得手腕酸疼。据《旧唐·卷十六穆宗纪》记载：“前代名士，良辰宴聚，或清谈赋诗，投壶雅歌，以杯酌献酬，不至于乱。”在酒席宴上，士大夫们饮酒、赋诗，还玩投壶这种游戏。

建议人群

全年龄段，文艺青年，有一定酒量的人士，酒精过敏人士慎入。

体验感： ★★★

危险指数： ☆

项目六 樗（chū）蒲（pú）

亦作“樗（chū）蒱（pú）”，看名字甚是陌生，其实就是掷骰子，又是一个比拼运气的小游戏。

古代博戏名。汉代即有之，晋时《晋书·后妃传上·胡贵嫔》《履园丛话·园林·拙政园》中都有记载。以掷骰决胜负，得采有卢、雉、犊、白等称，视掷出的骰色而定。其术久废。

建议人群

全年龄段，不建议运气不好的人士长时间参加，可能会对内心造成打击。

体验感：★★★

危险指数：☆

明 / 陈洪绶

DISANZHANG

要去见男朋友了，有什么好看的妆容推荐吗

FASHION

MAKEUP

第四章

时尚美妆

要去见男朋友了，有什么好看的妆容推荐吗？

文＝瑶华

FASHION

陈少梅作品

有道是“女为悦己者容”，在见男朋友之前梳妆打扮是再正常不过的事了。男生常常会奇怪：“怎么化个妆还要那么长时间？”“不化妆也很好啊，古人不是说‘却嫌脂粉污颜色’吗？”

对这种问题，仅有“呵呵”还不够，还需要有理有据地怼回去：“哪个影视剧告诉你古人不化妆？古代的姑娘在见情郎之前，那一套流程比现在的涂打底、拍精华、擦隔离、画眼线、卷睫毛、抹口红……只多不少。”

元稹有诗为证：“傅粉贵重重，施朱怜冉冉。柔鬟背额垂，丛鬓随钗敛。凝翠晕蛾眉，轻红拂花脸。满头行小梳，当面施圆靥。”

是不是有点晕了？先别忙着晕，古人要画出好看的妆容，还得熟悉多种胭红画法、多种眉形、多种点唇技巧……不妨我们将当时化妆的流程和成品效果一一道来。

元稹先生大概很擅长观察生活，写的化妆流程相当准确。第一步，当然是

傅粉了。对汉家女儿来说，没有太多的色系选择，就一个字：白。最早的粉是用米制成，但不是简单地把米研成粉擦在脸上就完事，而是需要选用磨纯色的粱米或粟米，将米磨成细粉后淘净，放入清水里浸泡。这个时间不算短，春秋季一个月，夏季二十天，冬季六十天。等到米粉发出不好闻的气味，就换水多次淘洗，直到洗去酸气，然后反复将米汁滤出、搅拌、沉淀，用灰吸去水分，终于得到敷面的“粉英”(《齐民要术》)。这一做法对米和水都有很高的要求，否则达不到洁白光润的效果。后来，随着炼丹术的发展，人们发现铅粉被酸液加工后可以用来涂面，增白效果更好，于是铅粉被广泛使用，又称之为铅华，还研制出加入花香的各种铅粉。不过，铅粉对身体具有一定毒性，长期使用对皮肤的害处更大，会造成越来越依赖的恶性循环。

傅粉之后，下一步就是涂腮红，也就是胭脂。古人使用的胭脂通常用红蓝花汁加工而成，也有利用其它红花或植物中提取的红色颜料制作的。古诗中的“亡我焉支山，使我妇女无颜色”，意指焉支山产能制作胭脂的红蓝花。“美人妆面，既傅粉，复以胭脂调匀掌中，施之两颊”（《妆台记》），颊上胭脂的鲜艳颜色，使得红妆成为女性的代称。不过，古人化妆并不是只把脸颊涂红那么简单，还有不少种类。例如在两颊涂上浓重胭脂，营造醉酒效果的“酒晕妆”，胭脂涂得略浅的“桃花妆”，将胭脂和铅粉先调匀成“檀粉”再涂在脸上的“檀晕妆”，在脸颊上先用胭脂打底再敷上铅粉的“飞霞妆”，有浓有淡，各擅胜场。

除了和今天类似的红白脂粉妆容，宋代辽国贵族妇女还流行用栝楼果实的汁把脸完全涂黄的“佛妆”，主要是起到冬天保护皮肤的作用，相当于涂了一层海藻泥面膜。

接下来，就是相当重要的画眉毛了。大家可别被时下的古装剧误导了，以为

郎世宁《乾隆嫔妃肖像》

古人都是韩式平眉。其实，古代的眉形都列出来就太壮观了，随便举几个例子：“汉武帝令宫人作八字眉。梁冀妻改翠眉为愁眉。卓文君眉色如望远山，人效之为远山眉。魏武帝令宫人扫青黛眉连心细长，谓之蛾眉妆。五代宫中画开元御爱眉、小山眉、五岳眉、垂珠眉、月棱眉、分稍眉、涵烟眉，凤池院尼童有浅文殊眉，唐明皇令画工画十眉图。一曰鸳鸯眉（又名八字眉），二曰小山眉（又名远山眉），三曰五岳眉，四曰三峰眉，五曰垂珠眉，六曰月棱眉（又名却月眉），七曰分梢眉，八曰涵烟眉，九曰拂云眉（又曰横烟眉），十曰倒晕眉”（《弇州四部稿》）。晕了吧？从名字就可以看出不同眉形的特点，细长连心的蛾眉，浅淡如远山的远山眉，形如柳叶的柳叶眉，乃至现在看来比较奇葩的八字眉等。画眉的原料有青黛，也有炭灰，颜色相对比较单一，基本以偏黑色为主。

画完眉，下一步是现代人已经比较陌生的点额黄。额黄的装饰手法有涂、绘也有贴，有的是在额头用黄色涂抹，营造深浅渲染的效果，有的则是以黄粉扑额，描绘出花蕊状，还有粘贴的片状“花黄”。

接下来则是贴花钿，花钿也叫“花子”，原材料很多，有金箔、色纸、绸布、云母片，甚至还有鱼鳞、羽毛、蝉翼，共性都是轻且容易加工，用呵气即融的鱼鳔胶贴在背面。花钿的花纹相当丰富精致，不仅有花鸟祥云，到了宋代还有字形的：“胭脂小字点眉间，犹记得旧时宫样。”花钿主要是贴在眉心、面颊，也有贴满脸的，土豪请随意。

为什么要把花钿贴在脸颊呢？这就是接上了下一步：妆靥。妆靥也叫面靥，本是女子用胭脂在脸颊酒窝处点染圆点的妆扮手法，后来逐渐多样起来，贴花钿就是一种方式。宋代女子还研究出了用黑光纸团靥装饰鱼鳃中骨的妆靥，叫“鱼媚子”。

之后，还需要画斜红。这是古代女性在面颊两侧、鬓眉之间画出的红色月

形装饰，据说起源于魏文帝的宠妃薛夜来，夜来不小心被水晶屏风撞破了脸，“伤处如晓霞将散，自是宫人俱用胭脂仿画，名晓霞妆”。所以，这种类似于伤痕妆的技巧在古代也不罕见，有的还用胭脂晕染出流血的效果。

最后一步就是点绛唇了。为什么是“点”？古代的唇形以小巧为美，为了营造樱桃小口的效果，古代女子用粉将嘴唇涂白，然后再用口脂在唇中描绘出小小的圆点，点染或深或浅的嫣红颜色，基本形态是圆圆的明珠状，进一步还有描绘成菱形、花形等形状的。唐代流行的花样有石榴娇、大红春、小红春、嫩吴香、半边娇、万金红等。

怎么样，古人的化妆技巧不亚于现代人吧？这一套程序下来，更考验男朋友的耐心哦！

姐妹们，一定要有一支属于自己的口红

文‖瑶华

小人本对那胭脂水粉丝毫不感兴趣，却阴差阳错成了脂粉铺子的伙计，现在每天都被老板修理，怎一个惨字了得！这不，好不容易有个主顾上门，我一见是个衣着体面的少妇，赶紧上去推销："娘子，这是本店最新研发的，那个……朱砂口脂，最适合画……呃……猩猩唇！"

那少妇柳眉倒竖："兀那贼厮！什么猩唇，好不晓事！再者说了，哪家铺子还用朱砂做胭脂？亏你家还好意思说自己是大买卖！"

老板见势不妙，赶紧窜出来打圆场："娘子莫怪，这孩子叫二傻，素来不懂事。朱砂唇脂有些毒性，又有淘不净的渣粒，我家也早不做了。您瞧这匣，是上好的红蓝花拧的汁子，细细淘澄几遭，加了花露蒸叠成的，不教半点渣滓带上。我家铺子在北边有地，专种新鲜的红蓝花，和别家二道贩花的可不一样。娘子若爱好深注唇，还有打南边新上的紫胶胭脂，今年京城里可多人欢喜咧！您瞧这颜色，红得多正，比先前的落葵胭脂还强。这个新鲜货是东瀛舶来品，涂上口唇后还有金光闪烁，我敢说，是独一份儿！您是要浸丝绵的，还是要装盒的脂膏，小店都齐备。您要画石榴娇、大红春、小红春、嫩吴香、半边娇、万金红、圣檀心、露珠儿……都画得来。”（《清异录》）

少妇细细看过几个颜色，颇为满意，大手一挥全买了。老板堆着笑送她出门去，转身对我就变了脸：“二货！和你说了多少遍也记不住！你不看看哪有女人家不用口脂的，每天得多少生意？都像你这样，主顾都得罪光了！”

我嘀咕道：“昨天刚背了用朱砂做口脂，还没背到用花做嘛。”

老板瞪了我一眼：“那你先说说，朱砂口脂怎么做？”

我赶紧回忆了一下：“嗯……要先准备温酒，选取丁香、藿香两种香料，裹进干净棉花里，浸入温酒中，夏天浸一天一夜，春秋浸两天两夜，冬天浸三天三夜。随后取出棉花和香料，烧到酒沸腾后就在酒中放入牛骨髓，如果不够的话再加上牛油，还可以加入青蒿，这么煎几次后掺入研磨好的朱砂和清油，用绵过滤后放在瓷、漆做的容器里让它凝固。”（《齐民要术》）

老板似乎对我的答复还算满意，又问：“方才那位娘子买的红蓝花口脂是怎么做的？”

我顿时张口结舌。老板看来心情好了些，便给我讲解道：“红蓝花在汉代就被匈奴用来做胭脂了，把花汁捣出来，混上油脂擦脸点唇。匈奴知道不？王昭君和亲嫁的就是他们的王爷。红蓝花又叫红花……”

我回忆了一下这种原料的样子：“您说它叫红花，怎么有点发黄？”

老板好像也不太明白原理，但还是给我耐心解释了一下：“这花虽黄，要取出红汁却也不难。首先要对红蓝花‘杀花’，把新鲜花儿摘下来，用碓捣烂，加水一遍遍地淘洗，装进布袋里绞出黄汁，再捣几遍，用清酸粟浆淘洗，再用布袋绞汁，剩下的就是用来做胭脂的染红了。把它绞干，放进瓮中，用布盖上，过一夜再捣均匀，摊在席子上晒干……”

我听得有点头晕：“然后就能做胭脂了？”

老板说得口沫横飞：“还没完呢！

要把落藜、藜、藿、蒿烧成草灰，把草灰加水多淋几次，取出清汁，用来揉花，揉过后用布袋绞出纯汁放在瓮里。再用最酸的醋石榴子捣破，和上酸饭浆水，绞出汁来后，把这酸汁和花汁一同搅拌，放得过夜后，舀去上面的清汁，留下底层，倒进白练角袋子中悬起来阴干。没听明白？那你记住，要用碱性的草木灰水揉花，用酸水杀花。要想胭脂好，起码得这么揉滤个十几遍！”（《齐民要术》《博物志》）

我边听边啧啧不已，难怪小小一盒胭脂要卖得那么贵。

老板说得兴起，摇头晃脑地说道：“除了红蓝花，石榴花、杜鹃花、紫茉莉都能做胭脂，还有刚才说的落葵，用来做胭脂的不是花，是它的果子，虽然果子是黑的，但是榨出的汁挺红，也能做胭脂。紫草也行，可以先煮汁，煮到紫草心变白的时候，倒进蜡和甲煎——就是香料烧的灰，搅拌均匀，冷凝后就能用了。”（《备急千金要方》）

“不过吧，现在的上品胭脂都不是这些了，是南边来的紫铆胭脂。知道是用啥做的不？是一种特别小的、和虱子差不多的虫子！”

“啊？”我吓了一跳，琢磨该怎么给客人推销才好。

老板说：“这种虫叫紫胶虫，寄生

仇英《贵妃晓妆》

在一种名叫紫铆的植物上，像冬青树上的小虫造白蜡一般，能结出不少紫色的东西，累起来就像虫卵一样，研破是红的，名叫紫胶，做胭脂比红花、石榴花都好！”

“这也太神奇了。”

“其实，东瀛倭国不知咋回事，也挺喜欢虫子的，他们要把那种红花胭脂在嘴唇上刷十几次，干了之后，就有点像一种虫子的翅膀，闪金光……”老板还没说完，见又有主顾登门，赶紧让我再去招呼。

这下心里有底了，毕竟新学了不少东西，我兴冲冲拿来展示：“娘子，看这东瀛玉虫胭脂，是紫胶虫做的……”

老板连声咳嗽，主顾还是吓得转身就走。坏了，我又弄错了！

Makeup change
历代妆容变迁
摄影/出镜:
不语
微博/B站：@我是你语哥啊
MAKEUP
每天都要
美美哒~

zhouchao

周朝

粉白黛黑·娥眉

公元前1046年—公元前256年

周时期的化妆多半比较简洁，这一时期女子化妆以傅粉画眉为主，流行素颜妆。

秦代被认为是红妆之始，“秦始皇宫中，悉红妆翠眉”，在涂粉画眉的同时，还会抹上红粉。

粉白黛黑·薄施红妆

公元前221年—公元前207年

qinchao

秦朝

hanchao

汉朝

公元前202年—公元8年

公元25年—公元220年

娥眉·樱桃小口

娥眉比较细长曲折，显得温婉柔美，从先秦时代开始，一直都是广受欢迎的眉形之一。

这时期唇部的妆容发生了改变，这种能画出“樱桃小口”感觉的桃心唇妆十分流行。

卓文君·远山眉

相传卓文君眉如远山，眉形细长而舒扬，颜色略淡，引得当时上至达官贵人、下至平民百姓纷纷效仿。

长眉·樱桃小口

长眉是在蛾眉的基础上演变而来的，它的特点是长、阔，在汉代的贵族妇女中十分流行。

宫妆·八字眉

八字眉以眉形似“八”字而得名。眉尖上翘，眉梢下撇，眉尖细而浓，眉梢广而淡。

据《事物纪原》说，汉武帝曾令宫人画八字眉，后来历代都有效仿，尤其在中晚唐时期特别流行。

weijinnanbeichao

魏晋南北朝

公元220年—

公 元 589 年

丫鬟·宫妆

这时期的丫鬟宫妆以素雅为主，略施薄粉。

佛妆·出茧眉

南北朝时期佛教兴盛，受其影响，很多爱美女子便将自己的额头涂染成黄色，这种土豪金妆容也被称为“佛妆”。

八字眉·泣妆

“泣妆”里八字眉的眉形细而曲折，还会在眼睛下方描一些眼影，好似正在啼哭。

徐妃·半面妆

半面妆的典故来自徐妃昭佩。她是南朝梁元帝萧绎的妃子，由于梁元帝是独眼，一次临幸时，徐妃只作“半面妆”（半面梳妆，半面未妆），梁元帝知道她是在故意嘲笑自己，大怒，拂袖而去。

阔眉·斜红

斜红，又名晓霞妆，在眉尾至鬓边用朱砂胭脂等物，以簪、钗、指甲、小指画上如新月般的勾状，后来有人将之画成大片的红晕，看起来像晚霞一样。

suitang

隋唐

公元581年—公元907年

蚕眉·小口

这种妆容眉毛呈卧蚕形，唇妆如樱桃般小巧。

娥眉·桃花妆

桃花妆的画法，先抹白粉，再涂胭脂于两腮。双颊多呈红色，而额头及下颌部分则露出白粉的本色，效果神似现代的腮红。

八字眉·碎妆

面靥的一种，原本是装饰在酒窝部位的，后来发展到整个脸部都是，看上去纷繁破碎，于是被称为“碎妆”。

阔眉·酒晕妆

在敷粉后将燕支（胭脂）放在手心调匀然后涂在两颊，颜色浓的叫“酒晕妆”，颜色浅些的则被称为“桃花妆”。

隋唐时期，流行把胭脂涂满面颊、眼睑，甚至涂满耳朵，总之要将胭脂用个痛快，将红色进行到底，由此形成了各种不同的妆容。

song

宋

公 元 960 年 —
公 元 1279 年

珍珠面靥·宫妆

宋代的妆容较为简单清新，走的是自然路线。略施胭脂，不再夸张。这时期唇妆也发生了很大的变化，不再流行桃心唇，大家比较喜欢丰满圆润的唇形。
宋代的流行唇色以各种“斩男色”浅色为主，不再是秦、唐时流行的暗红色了。这一时期，宫廷贵夫人流行用珍珠妆点面部，许多宋代皇后画像中都有这种特殊的珍珠妆。

少女双辫·直眉

元朝民间女子盛行素颜风潮，与前两朝的艳丽与高雅反差极大，走的是素颜美路线，妆容画法比较随意。

yuan

元

公 元 1271 年 —
公 元 1368 年

ming

明

公元1368年——

公 元 1644 年

娥眉小口·薄红

到了明朝眉形开始有了一些变化，没有了宋朝和唐朝那般有弧度，更加自然，依然是以细眉为美，眉尾偏长。这时候的唇妆比较接近于现代：唇边要干净，线条要柔和，颜色也是偏红色、暗红色系的，整体看上去端庄贤淑。

qing

清

公元1636年-公元1912年

短挑娥眉·点唇

清代宫廷女子与民间女子装扮反差很大。清上层贵族女子穿旗袍、戴云肩、梳旗头。偏爱以橘色系为主的艳丽妆容。民间妆容则比较接近明朝时期。

清代妆容最大的特点是点唇式样，以艳红色系居多，涂抹部分非常小，上下唇各抹一小点。

minguo

民国

细长弯眉·红唇

民国时期流行细长弯眉的妆容，比较符合东方人五官柔和的特征。除了电影明星以外，普通人基本上不化眼妆，以清新素净为主。唇妆则较为饱满，以正红色为主。

china 新中国

SHIJINGBAGUA

听说石崇的

我来自宋朝，请问怎么才能追到心仪的女孩子

听说石崇的厕所堪比五星级酒店

今天我卖了一条鲤鱼，
然后我被打了六十大棍

为什么不说“下厕所”

听说有人见过灰姑娘，她居然从中国来？

听说石崇的厕所堪

DISANZHANG

第五章

市井八卦

听说石崇的厕所堪比五星级酒店，有人去过吗？

文＝瑶华

假设你是一位历史爱好者，一觉醒来，发现自己回到了古代，身处一间精致豪华的房中。往左看，站着十几个衣着华贵的靓妆美女，有的拿着精致的香粉、香水，有的手捧簇新的锦缎外袍，香风习习，环佩叮当，令人心旷神怡；往右看，红罗宝帐、绣被锦褥应有尽有，还有手持香囊的美女在帐后半隐面目。

怎么样，是不是堪比五星级酒店？你肯定会浮想联翩：“这难道是皇家的寝宫？还是王公的内室……哎呀，忘了查查朝代。也不知道我是成了哪个皇帝，最好后宫佳丽多一些，像这样的就不错。”

兄弟，擦擦口水吧，这儿不是皇宫，乃是西晋首富石崇家的五谷轮回之所。翻译一下，就是厕所。您也不用觉得太没面子，把石崇家的厕所当成内室的还有当时的名臣、光禄大夫刘寔（shí）。他少年贫苦，为官后生活也非常节俭，应邀去石家的时候，进了厕所又赶紧退出，向石崇道歉："真过意不去，误入内室了。"石崇说："那是厕所。"刘寔回答："我是清贫的人，未曾享用过这样的待遇。"于是，还是去了别的厕所。

同时代的厕所一般是什么样的呢？根据出土的随葬陶器模型显示，厕所往往和猪圈建造在一起，这样有利于积肥和给猪供给食物，环境和气味可以想象了。达官贵人的如厕体验稍好一点，也不过是可以在室内使用瓷质便器"虎子"和木质便桶，不用在奋力排出体内废物的时候还得和猪搏斗。皇室成员上厕所时可以用干枣堵住鼻子，避免吸入臭气。驸马王敦还曾经把这枣子吃了，成为没见过世面的笑谈。对比之下，石崇家的厕所简直是至尊豪华享受了。为了掩盖气味，用的各种珍贵的香料都是寻常百姓闻所未闻的。厕所放熏香还能理解，美女拿着新衣是怎么回事？原来，凡如厕的客人，石崇家的婢女都会为他换上一袭新衣，旧衣服丢弃不要。

这些让来宾看花了眼的在厕所中服侍的美女，实际上在石崇家排不上名次。古代笔记小说记载，石崇修建的金谷园奢华无比，有资格用美色取悦石崇的就有几千人，石崇又意在这些人里选取数十美人，做同样的穿着打扮，外人乍一看几乎无法分辨。美女们佩戴着倒龙玉佩、凤凰金钗，口含珍贵的异香，谈笑中随风飘出馨香的气息，不分昼夜地相互挽着衣袖，绕柱起舞。石崇如果想召见哪个美女，不叫她的姓名，只需要听佩声、看钗色，玉声轻的在前面，金色艳的在后面，按次序前来。石崇对纤弱的身材情有独钟，他命人将沉水香碾成粉末，撒在象牙床上，让他的爱姬在上面行走，没有留下脚印的赐给百琲（串）珍珠，留下脚印的就得被迫减肥了。所以，石崇的姬妾们互相打趣的谈资就是："你又没有瘦成一道闪电，还想要珍珠？"而最受石崇宠爱的歌姬绿珠，据说是以百斛明珠买来。

石崇这么有钱，在当时有没有感受

人奶喂大的猪

到无敌的寂寞？有，但也有不服气的竞争对手。这位是谁呢？如果你仔细寻找，他的名字在《红楼梦》里出现过。妙玉招待宝玉、黛玉、宝钗三人喝茶，拿出的珍贵茶具（分瓜）瓟斝上就有一行小字“晋王恺珍玩”，这可是“白玉为堂金做马”的贾家也要高看一眼的古玩奇珍。

王恺是和石崇斗富的主要对手，两人的斗富花样百出，有点类似于今天的土豪用钞票点烟，极大地挑战了平民的想象力：王家用饴糖混合着干饭刷锅，石家用蜡烛当柴火。王恺出行布下四十里的紫丝织步障，石崇布下五十里锦缎步障。王恺用赤石脂末涂墙，石崇用花椒——看上去好像没有王恺的值钱，但“椒房”可是后宫的代称。王恺其实不是一个人在战斗，背后有亲外甥晋武帝撑腰。然而，皇家竟也不敌石崇。比如，王恺拿出武帝赐的二尺高的珊瑚树向石崇显摆，石崇随手拿铁如意把它砸了，满不在乎地提出要赔给王恺。只见下人抬出来的珊瑚树光彩夺目，三四尺高的就有六七个，王恺的那棵简直不算什么。

除了这些奢侈品，日常吃用方面两家也有竞争。

王恺家的豪奢是连皇帝都摇头的，因为王家吃的小猪肉是人奶喂大的。石家呢？《世说新语》里留下的例子却是我们今天看来平平无奇的豆粥和韭蓱齑（韭菜、艾蒿切碎做的腌菜）。须知，在一千七百年前，没有高压锅，也没有冬季温室种植技术，在石家却只需一声令下，就能端上新煮的豆粥，冬天也能吃上味道浓郁的碎韭菜。

在古代人看来，这比人奶喂猪还不可思议。王恺后来买通了石崇家仆，才知道原来石家把豆子提前煮好碾碎，要吃的时候放进热白粥里，和现在的广式生滚粥做法类似。韭蓱齑里绿油油的碎末其实是冬季可以找到的麦苗，加了韭菜根提味而已。可惜，这位透露秘密的家仆付出了生命的代价。对石崇来说，草菅人命太正常了，石家为客人劝酒的婢女危险系数更高，如果客人不喝，就会被斩首。

石崇的财富从哪里来？明代冯梦龙在《喻世明言》里编了一段故事，大意是说：石崇未发迹的时候，靠在江中用弓箭射鱼为生，机缘巧合救了上江龙王的命，龙王感念其恩德，赠给他成船的珍宝，因而发家。事实上，这只是小说家言。石崇出身豪族，他父亲是大司马石苞。石崇生在青州，小名齐奴。石苞临死时，唯独没有分给石崇家财，理由是“此儿后自能得”。

石崇没有辜负他父亲的期望，很有才干，但他的财富并不是来自仕途，而是来自不正当手段：“在荆州，劫远使商客，致富不赀。”靠杀人越货，石崇过上了非同一般的、豪奢的生活，直到政治斗争的漩涡将他彻底吞没。

若干年后，被绑缚刑场的石崇在想什么？想在他面前跳楼自尽的绿珠，还是“金谷二十四友”的饮宴唱和？“桃李香消金谷在，绮罗魂断玉楼空”，随着石崇的死，石家三族被诛灭殆尽，财富散没，留给后人的不过笑谈而已。

我来自宋朝，请问怎么才能追到心仪的女孩子？

文＝瑶华

这位朋友您好，欢迎来到宋朝恋爱指南咨询室！

请坐请坐，咖啡您肯定是喝不惯了，给您点一盏浓浓的芝麻盐笋栗丝瓜仁核桃仁夹春不老海青拿天鹅木樨玫瑰泼卤六安雀舌芽茶如何？如果觉得腻，就来点砂糖冰雪冷元子、雪泡梅花酒，再端上雕花梅球儿、红消花、雕花笋、蜜冬瓜鱼儿等雕花蜜煎，砌香葡萄、甘草花儿、姜丝梅等砌香咸酸，聊聊您想说的。

哦，您是想解决单身问题！难怪您茶饭不思，真是“衣带渐宽终不悔，为伊消得人憔悴。”恭喜您，您生活的朝代已经不再像前朝那样讲究门第，给您增加了很多选择的空间。宋代之前，“官之选举必由于簿状，家之婚姻必由于谱系”，也就是说，平民和官绅阶层之间有一重厚壁垒。而到了宋代，“取士不问家世，婚姻不问阀阅”的科举成为庶民阶层的上升通道，不同阶层之间的通婚也就不再是遥不可及了。您如果是考霸一枚，基本不用太担心了，因为大把土豪都等着科举放榜，好去现场砸钱抢女婿，这叫作“榜下捉婿”。考霸不仅可以娶到老婆，还能拿到一千多贯钱，真是“书中自有黄金屋，书中自有颜如玉”。像您这样风姿出众的，可能还会被土豪们的家仆强制拖走，在“帽儿光光，做个新郎，衣衫窄窄，做个娇客”的祝福里迎接洞房花烛喽。

您不喜欢这种包办，更愿意自由恋爱？如果您擅长吟诗写词的话，这个其实也不太难。您知道和欧阳修一起编《新唐书》的宋祁吗？因为宋祁和他哥哥宋庠是同榜进士，兄弟二人被时人称为大宋、小宋。小宋同志的颜值我们不太确定，但才华绝对是一流的，“绿杨烟外晓寒轻，红杏枝头春意闹”就出自他的手笔，所以他有个雅号“红杏尚书”。话说这位小宋翰林的知名度非常高，皇宫大内也有所耳闻。

有一天，小宋才子走在京城的繁台街，正好遇到了宫里出来的车队。擦肩而过的时候，一辆车子里的宫女掀开帘子，和他打了个照面，还叫了一声：“是小宋啊！”虽然车子很快走远了，小宋却为这惊鸿一瞥而心旌摇荡，作词一首以表衷肠：“画毂雕鞍狭路逢，一声肠断绣帘中。身无彩凤双飞翼，心有灵犀一点通。金作屋，玉为笼，车如流水马如龙。刘郎已恨蓬山远，更隔蓬山一万重。”

您瞧瞧，这词里是不是带着一种伤感？因为小宋觉得没有机会再见到那位勇敢的美人了，便把宫中比喻成仙人居住的蓬莱山，把自己比喻成见过仙子又返回红尘的刘晨。因为小宋是名人，这首词不久就传到了宋仁宗面前。宋仁宗一看就明白了，便问宫中上下，是谁叫了一声小宋翰林啊？那位宫女勇敢地承认说：“在伺候御宴时，看到您召见一位翰林学士，内侍们说那就是小宋，从此念念不忘。后来在车上偶然看到，情不自禁就叫出来了。”宋仁宗便召来小宋，说起此事，把小宋吓得够呛，出乎意料的是，宋仁宗笑着说：“蓬山不远！”随即把宫女赐给了他，成为一段佳话。（《花庵词选》）

什么，您不擅长写词？别犯愁，还是有办法的，前提是您不能太宅。因为，古代虽有男女大防，但在宋代一些特定的节庆里，青年男女仍然可以见面。就拿元宵节来说吧，宋朝的元宵节非常繁华，万街千巷，灯彩锦绣，更有各种各样表演歌舞戏法的，音乐的声音可以传到几十里外。元宵节又是女子们盛装出游的好时候，“妇女出游街巷，自夜达旦”“蛾儿雪柳黄金缕，笑语盈盈暗香

去”“铺翠冠儿，捻金雪柳，簇带争济楚”，描写的就是佳人的富丽装束，因此甚至催生了“扫街”的行当，在夜阑人静时，有人专门沿路捡拾别人丢掉的首饰，据说获利不少。如此良夜，自然是多情人互诉心曲的好时候，“月上柳梢头，人约黄昏后”，如果您与哪位心仪的女孩一见钟情，尽可以在灯前月下互诉衷肠，说不定就结成美满姻缘了呢。千万别像司马光先生那样不解风情，他夫人说元宵节要去看灯，司马光答曰：“家里有的是，干吗出去看？”夫人又说可以看人，司马光十分奇怪：“我难道是鬼吗？”（然而他仍然不是单身！）

如果您在这样的场合还是没有找到合适的，那可能就要求助媒人了。不过，找媒人也要注意，给不同人说媒是有不同工作服的。给皇亲国戚说媒的戴盖头、穿紫褙子，您要找戴冠、发髻上扎黄包头的，也有打着青色凉伞的那种。媒人说亲不代表一定可以结为连理，还有一个相亲的过程，也就是需要您家里准备给女方家里的酒礼，选择一处风景优美的园圃或者湖上的游船里，让您二位见一见，这叫作相亲。您要准备四杯酒，对方姑娘则准备两杯酒。您还要准备两种礼物：如果您二位互相中意，您就给她的发髻插一支金钗。如果双方都感觉没有缘分，您要送她彩缎两匹，叫作“压惊”。插钗之后，就是送定礼，准备婚事的过程啦。

最后，衷心祝您早日与有情人成眷属——您慢点儿，还没付咨询费呀！

今天我卖了一条鲤鱼，然后我被打了六十大棍

文＝明戈

暑假里追过电视剧的小朋友都知道，《西游记》的故事主线设定在唐朝贞观年间，唐僧还是唐太宗李世民的御弟。在第十回里，渔夫张稍和樵夫李定的闲聊对诗，引发了后面的泾河龙王降错雨触犯天条，遭魏征处斩，冤魂骚扰唐太宗等一系列故事。这一切的源头，不过是张稍对朋友吹嘘：“这长安城里，西门街上，有一个卖卦的先生。我每日送他一尾金色鲤，他就与我袖传一课，依方位，百下百着。”这让泾河龙王感到一河水族性命堪忧，惊怒之中做出错误决定，最后把自己送上了断头台。

《西游记》是明朝人写的小说。如果唐朝真有此事，算卦先生每天能收到鲤鱼吗？恐怕够呛。因为在唐朝，捕鲤鱼是违法行为，卖鲤鱼一条，至少要挨六十棍。这并不是胡乱执法，根据《酉阳杂俎》记载：“国朝律，取得鲤鱼即宜放，仍不得吃，号赤鲤公。卖者杖六十，言‘鲤’为‘李’也。”不得滥捕鲤鱼，并不是出于保护环境的考虑，而是为了避国讳。

避讳是怎么一回事呢？古人称人名字，生为“名”，死为“讳”，连称“名讳”。在帝制时代，人们对君主和尊长的名字，在言谈和行文中都要尽可能回避，不能直接说出或写出，称为“避讳”。避讳又分为避国讳和避家讳两种，国讳指的是国家君主以及祖先的名字，家讳则是家族尊长的名字。举个例子，《红楼梦》里贾雨村提到自己的学生林黛玉为避母亲贾敏的名讳：“他读书，凡‘敏’字，他皆念作‘密’字；写字，遇着‘敏’字亦减一二笔。”黛玉的做法就是避家讳。

国讳的范围就广了，属于在国家层面做出规定，官员与百姓都得遵守，如有触犯，很有可能遭受刑罚。唐代的国讳很多，规定也严格，根据《唐律疏议》卷十《职制律·上书奏事犯讳》的规定：“诸上书若奏事，误犯宗庙讳者，杖八十；口误及余文书误犯者，笞五十；即为名字触犯者，徒三年。”唐高祖李渊的祖父名李虎，民间便不能再管便器叫“虎子”，只能改叫“马子”，军队里使用的“虎符”被叫做“兽符”，“虎贲郎将”成了“武贲郎

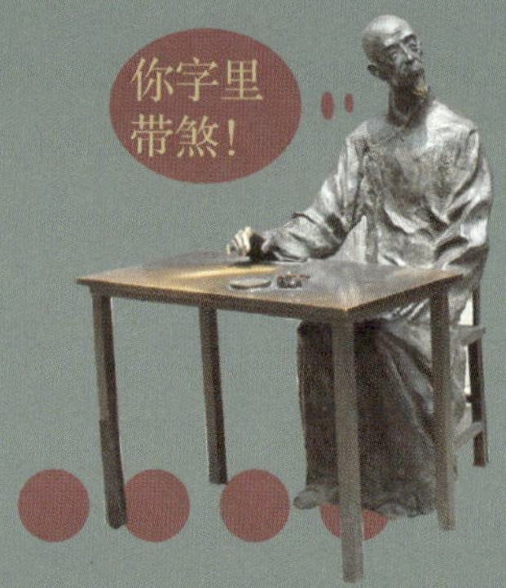

将”。为避唐太宗李世民的名讳，唐代人作文一般用“代”代替“世”，“人”代替“民”，“民部尚书”成了“人部尚书”“户部尚书”。唐代宗李豫即位后，“薯蓣”改名成了“薯药”。因为怕触犯敏感词，唐人编修史书时，古人名也跟着被改了一堆，陶渊明成了“陶泉明”，韩擒虎成了“韩擒”。《因话录》记载了唐文宗李昂的一个故事：文宗皇帝和翰林学士讨论前代文章，说到“前不见古人，后不见来者”的作者陈子昂，裴素也不管犯了皇帝的名讳，左一个子昂，右一个子昂，同事柳景杀鸡抹脖子地使眼色，裴素也没觉出不对来。幸运的是，皇帝并没有龙颜大怒，只是对柳景说：“陈子昂字伯玉，也可以叫他陈伯玉。”倘若皇帝较起真来，裴素少不了挨一顿打。名讳还曾上升到国家矛盾的层面。唐朝后期，南诏第八代国王即位，此人名蒙世隆（一作酋龙），犯了李世民、李隆基两人的名讳。唐懿宗因为这个缘故不予册封：“以新王名犯庙讳，故未行册命，待其更名谢恩，然后遣使册名。”

蒙世隆干脆起兵造反，自称皇帝，改国号大礼，和唐朝打了十多年仗。

避讳还会影响到个人的前途命运。《唐律疏义》记载，如果你的家讳和府号、官称相犯，就不能担任这类官。如果隐瞒被发现了，就会被削去官职，并判刑一年。但在重罚之下，也有人铤而走险。《太平广记》就记录了这样一件事，唐代有兄弟二人王初、王哲入仕，他们的父亲叫仲舒，如果避舒讳的话，这二人就不能做带“书”字的官，比如中书舍人、尚书一类的职务，于是这兄弟自作主张改了父讳，只避讳“仲”字，也确实做了带“书”字的官。不过，当时的人们对他们的做法很不齿，认为是“逆天忤神”的行为，后来这兄弟早死，似乎也被认为是活该了。科举中也对避讳有所要求，诗人李贺就因为父亲叫“晋肃”，“晋”和“进士”的“进”同音，因而不能参加进士科考试。韩愈专门写了一篇抱不平的《讳辩》，质问：“假如父亲名‘仁’，儿子就不能做人吗？”然而，李贺还是被挡在了考场门外。比他更倒霉的还有一个叫崔德融的，因为父名皋，犯了主考官高锴的姓的讳，结果名落孙山。这样的故事在史书中不可谓不多。

回到我们最开头的例子，可能有人会奇怪，唐代禁吃鲤鱼，为何不禁吃李子呢？这可能和道教有关。唐朝皇室自认为是老子李耳之后，对道教非常尊崇。而道教认为，鲤鱼可以跃过黄河中的龙门山，被天火烧去尾巴后化成龙，每年有七十二条化龙指标。这样看，龙多为鲤鱼转化而来，故而道教门中一向对鲤鱼比较重视。在这种思想影响下，再加上“鲤”“李”谐音，唐代皇室就做了禁止捕杀鲤鱼的决定。然而，上有政策，下有对策，在唐诗里仍然有不少吃鲤鱼的记载，比如“侍女金盘脍鲤鱼”“炊稻烹红鲤”“郎食鲤鱼尾”等，可见这一避讳执行得也不是非常彻底。

C I N D E

听说有人见过灰姑娘，她居然从中国来？

Do You Know Cinderella

文＝瑶华

一个孤苦伶仃的姑娘一直被继母及其女儿欺压，在神秘法力的帮助下，她得到了华丽的衣服和精美的鞋子，能够去参加大型聚会，丢失的鞋子被王国的统治者得到，经过一番寻找终于找到了鞋子的主人，姑娘改变了命运……

这不就是灰姑娘的故事吗？是的，这是有迹可循的文字记载。

在迪士尼电影和各种童话书的包装下，灰姑娘的人设可以说是家喻户晓。她的名字叫辛德瑞拉，虽然被恶毒的继母及继母女儿欺凌，但幸运的是她有一位仙女教母，还有许多忠实的动物朋友，在坏继母给她派活儿的时候，小鸟们都会来帮忙。尽管继母的女儿们夺走了她参加王宫舞会的机会，仙女教母却在关键时刻帮助了她，把南瓜变成马车、老鼠变成骏马、破旧衣服变成华丽新装，但她必须在午夜十二点前赶回去，否则一切都会变回原样。匆忙之中，辛德瑞拉遗失了一只水晶鞋，这也成为王子找到她的重要线索，而最终当然是有情人终成眷属的喜剧结尾。

迪士尼电影的故事蓝本来自法国作家夏尔·贝洛改编的童话，另一个为大家熟知的版本是德国格林兄弟整理的童话故事，两个版本的情节大同小异，只

R E L L A

在一些细节上有所改动：赐予灰姑娘华裳豪车的不是仙女而是她母亲坟上长出的榛树，王子拾到的是金鞋而非水晶鞋，灰姑娘继母的女儿们切掉脚趾以求能穿上鞋子，最后还被小鸟啄瞎双眼。灰姑娘的故事在欧亚大陆广为流传。除了这两个比较流行的版本外，研究显示：在欧洲、亚洲共搜集到700多个不同的版本（Anna Birgitta Rooth，Cinderella Cycle，1951）。

这个故事的源头究竟在哪里？这要回到我们最开始的讲述，它来自唐代段成式的《酉阳杂俎》续集《支诺皋》，该书成书于公元9世纪。

什么？灰姑娘居然是中国故事？我国古代哪里有舞会、水晶鞋、南瓜马车这些东西？

别急，我们先来看一看，中国的灰姑娘姓甚名谁、丢下的是什么样的鞋子。

这个故事据段成式记载，是他家的仆人李士元所述。李士元来自广西邕州，是“多记得南中怪事”的“洞中人”，“洞”是唐宋时期对广西少数民族地区基层组织机构的称呼，类似于部落性质。李士元讲的故事，主角也是一位吴姓洞主的女儿。这个故事据传发生在秦汉之前，可见它在百越之地应当流传了多年。故事里讲：吴洞主娶了两个妻子，一个妻子很早过世，留下一个名叫叶限的女儿。叶限自小聪明能干，擅长淘金（另

一种版本是钩金，结合壮族风俗，可能是用金丝织锦），很得父亲宠爱。然而，吴洞主不久也亡故了，后母对叶限百般虐待，不是让她去高山砍柴，就是让她去深潭汲水。看到这里，是不是感觉很眼熟？灰姑娘童话里的继母也对她各种刁难。

不过，后面的神力担当却很特别，是一条鱼，准确来说是一截鱼骨头。

故事里讲到：叶限在一次打水时捞到一条红背鳍、金眼睛的小鱼，把它养在盆子里，可是这鱼见风就长，很快家里的容器就盛不下了，只能放到池塘里。鱼只有看见叶限的身影才浮出来迎接，其他人不管怎么召唤都不露面。后母觉得这鱼有蹊跷，故意给叶限做了件新衣，甜言蜜语让她换下旧衣，又命令她去百里之外的泉水打水。叶限走后，后母换上衣服，怀揣尖刀去把鱼引出，杀鱼吃肉。叶限回来后知道鱼遭到横祸，跑到野外哭泣。忽然有个披散头发、身着粗布衣、外形古怪的人从天而降，告诉她："别哭了，你的后母杀了鱼，把骨头扔在粪坑里，你回去后找到骨头收藏好，以后想要什么只管向它祈祷就可以了。"说完便消失了。叶限按他说的回去照做，果然如此。

这个设定很有地方文化特色，生活在广西地区的百越民族属于稻作文化民族，长期种植水稻作物、食用水生动物，有"饭稻羹鱼"的传统。鱼是财富的象征，进一步成为了被崇拜的代表，正如柳宗元在记述广西柳州少数民族风俗的诗里写到"鸡骨占年拜水神。"

女主角到底是在什么样的场合里丢失了鞋子呢？的确，我国没有王室舞会的传统，但故事发生的地方有着"洞节"的习俗，是洞民一年一次的盛大节日，男女老少共同歌舞欢宴，青年男女还可以借机择偶。直到现今，广西仍然保留着类似的风俗，比如壮族的"三月三"歌圩，侗族的"行歌坐月"，瑶族的"耍歌堂"等。

故事里的洞节显然隆重非凡，人人盛装前往，后母也带着她自己的女儿去参加了，但不许叶限出门。等后母走后，

R E L L A

叶限向神奇的鱼骨祈求，得到了翠纺衣衫和轻如羽毛的金鞋子，打扮得美如天仙后赶赴洞节。不料，后母的女儿认出了她。叶限连忙赶回，匆忙中丢了一只鞋子。

这段情节可算是灰姑娘故事的核心了，可是王子并没有在洞节出场。原来，叶限居住的地方临海，附近有个统治着数十海岛的陀汗国，这只稀罕的金鞋子被人拾到后卖给了王室。有研究认为，“陀汗国”即为新旧唐书里记载的“陀洹国”，也即现在的印尼苏门答腊地区。陀汗王觉得这鞋子挺稀罕，让宫里人试穿，都穿不进去。下令全国的妇女都试一试，居然也没人合脚。陀汗王拷问卖鞋人，得知卖鞋人是在洞节时拾到，随即便派人去搜寻，要求把能够穿上这鞋子的女子带回来。最终，国王找到了叶限，一方面被她“色如天人”的美貌吸引，另一方面，鱼骨的秘密也让国王心生贪意，最终国王把叶限娶为王后，鱼骨也被带回国去。后母和她的女儿被飞石打死，而她们的坟墓叫作“懊女冢”。

相比童话里渲染的一眼万年的爱情，叶限故事里的男主角只体现了身为统治者的权力和暴力的一面。并且，和欧洲童话故事“王子和灰姑娘幸福地生活在一起”的结尾不同，叶限的结局作者并未交代，只讲述了神奇鱼骨的后续：陀汗国王向鱼骨祈求，得到大量珠宝，次年再求却一无所获。国王就把鱼骨和金银珠宝一起埋在海边，多年后叛军作乱，国王准备取出金珠犒赏军队，埋藏的地方却在一夕之间被淹没在海水之中。陀汗国王和王后的命运如何，这

是否意味着天神的旨意，读者无从得知，这也给故事增加了一抹神秘色彩。

那么，到底是中国的叶限故事传播到了欧洲，还是欧洲的故事传入中国后变形了呢？历来不同的研究者各执一词，无法做出定论。但可以肯定的是，唐朝时期的中国融汇贯通了世界各地的不同文化，叶限的故事正是各种文化交融渗透的一个例证，而且不是孤例。《太平广记》记载过一个故事：唐代开元年间，某户部令史的妻子被妖术迷惑，每天晚上和婢女一齐消失不见。该令使在胡人术士的指点下，偷偷藏在一个大瓮里观察，原来妻子竟骑着扫帚飞上天空，婢女骑着他藏身的大瓮飞在后面跟随，去了千里之外的山上和妖怪一起饮酒作乐。这一幕是不是和西方的女巫传说非常像！

为什么不说“下厕所”“上厨房？

Toilet and n

文＝瑶华

人生大事里，吃喝拉撒的重要性恐怕没有谁敢怀疑。要完成新陈代谢，实现五谷轮回，从古到今，人们都离不开厨房和厕所，它们的作用不仅是联络感情、感受温暖、思考人生、读书看手机……

关于厨房和厕所这两个词大家应该耳熟能详：“上厕所”“下厨房”。前者在学生时代是友谊的见证（未必），后者已经有同名APP、网站，还有一句文艺的广告语“是谁来自山川湖海，却囿于昼夜、厨房和爱”。相信有爱思考的小伙伴会提出这样的问题：“为什么不说‘下厕所’‘上厨房’？好像也有道理啊！在厕所里需要做蹲下的动作，在厨房也是站在操作台前面嘛！”

究竟怎么回事呢？应该不止一位好学者思考过这个重要的问题。已经严肃地提出：说上厕所、下厨房是有讲究的！这要从中国古代的五行观来解释。古人提出的五行学说，是将万事万物根据五个性质划分：“一曰水，二曰火，三曰木，四曰金，五曰土。水曰润下，火曰炎上，木曰曲直，金曰从革，土曰稼穑。润下作咸，炎上作苦，曲直作酸，从革作辛，稼穑作甘。”（《尚书·洪范》）。方位也与五行相对应，东方木、南方火、西方金、北方水、中央土。五行之间，又存在“相生相克”的关系，相生即是木生火、火生土、土生金、金生水、水生木，相克则是金克木、木克土、土克水、水克火、火克金。在这些理论的基础上，五行论者的观点是这样的：厕所是什么属性呢？我们都知道在没有抽水马桶的时代，里面有很多丰富的肥料，人们都说“肥水不流外人田”，所以厕所属水。肥料又有利于种植属木的庄稼，符合“水生木”的相生关系，东属木，因此综合看来，厕所是建造在宅院中的东北方向的，要不为什么古人管上厕所叫“登东”呢？厨房因为要生火做饭，而火又是由木材燃起的，属火属木，所以建造在东南方向。而中国的地形是“天倾西北，地陷东南”，北方不仅地势更高，在传统文化里还有尊贵之意，帝王的座位都是面南背北，所以去南方习惯说南下，去北方习惯说北上，比如乾隆皇帝下江南。这样，结合厕所、厨房的方位，就成了上厕所、下厨房了。

听起来好像很有道理！但是，真的是这样吗？我们不妨用事实说话。过于久远的民居构造暂时不可考，但近代的建筑资料还是可以查阅到的。

以北京传统的四合院为例，厕所通常处于院落的西南角，并不像很多人推测的那样处于东北。

其他地方的民居情况呢？本人经查阅研究论文等文献发现，晋中地区的传统民居里，位于宅院南部的“倒座”通常用作储藏室、厕所等，东向或西向靠近门口的厢房会用作厨房使用，但并未严格规定东或西方位。（《晋中传统民居在现代生活模式下的更新探索》，闫冬佳）

可见，为了符合“北上厕所”的含义而把厕所设置在北方的说法在现实里很难找到理论依据。为什么北京和晋中的四合院会出现这样的安排？因为这两种民居都是根据后天八卦“坎宅巽门”的形式设计的，大门开在院子的东南角，厕所设置在院子的西南方，离北边的正房有一定距离，即使有特殊的气味飘出，也不至于干扰到房主的生活；但离大门又不太远，便于清理厕所的粪夫出入。还有一个很重要的因素，北方地区多北风，这些地区的厕所如果还建在住家院子北边，刮起风来，那真是无法忽视臭气的存在了。而江南地区的传统民居往往不设厕所，用马桶来盛装粪便，更无所谓放在哪个方向了。

那到底为什么要说上厕所呢？恐怕要从最早的厕所形制入手。《释名·释宫室》：“厕或曰溷，浊也。或曰圊，至秽之处。”“溷”就是猪圈的意思，说明当时的厕所和猪圈是结合在一起的。在一些出土的土陶制明器里，仍然可以看到厕所兼猪圈的模型，有的还特别塑出几只小猪，和蹲位相映成趣。这种布置有助于积肥和喂猪，相对于下层的猪，厕的位置在上层，所以“登东”“上厕所”都有从低处往高处之义，也和厕所的原始含义相符。时至今日，在一些农村仍有这种形制的厕所留存，有的下面接的不是猪圈而是鱼塘。

至于“下厨房”又是什么原因呢？厨房的位置一般处于南侧吗？实际上，北京四合院里的厨房通常设在东厢房背后或东厢房南侧，这仍然是受后天八卦的影响，认为该方位是吉位。而南方民居并没有固定的厨房位置，比如在江南水乡民居里，厨房主要位于最靠近用于交通的河道一侧的建筑底层，便于运送食材和取水，厨房的方位由河流的位置决定。福建土楼的厨房也是设在最外围的底层，有的土楼甚至外围一圈都是厨房。（《中国传统厨房研究》，王其钧）从王其钧这些传统建筑的结构可以看到，为了有助于倾倒厨余垃圾和运送食材，厨房的位置通常低于主房，所以产生了“三日入厨下，洗手作羹汤”的唐诗，也因此有了“上得厅堂，下得厨房”的习语，最后渐渐就变成了“下厨房”。

比起高深莫测的五行学说，厨房和厕所的方位更多是基于人们的需要而决定的，这也是我们问题的终极答案。

陈少梅《官人涮桶》

万岁图

201

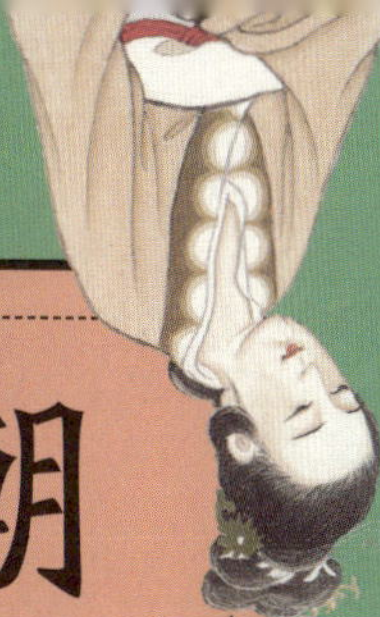

古代潮流日报

Fashion Daily

玩趣版

记者/锦翼

◯ 我的文身时尚时尚最时尚

◯ 新鲜热烈的相扑比赛，开赛啦！

◯ 古代版“王者荣耀”，这个游戏让大家都玩疯了！

我的文身时尚时尚最时尚

燕青代言

《水浒传》里浪子燕青一身刺青，非常耀眼。他雪白的身体配上华丽的锦绣，就如同锦缎裹着白玉柱，凤凰踏着满地碎玉，孔雀落在花园里。这一连三个比喻，把燕青的这一身刺绣说得华丽无比。以至于到了京城见李师师，这个皇帝的情人竟然提出要观摩一番。燕青无奈，只好脱了衣服，任由她纤纤玉指在身上轻抚。

燕青这身刺青可不简单，是他的主人卢俊义专门花钱请人为他文上去的。文身这项技术从唐朝就一直被人钻研，段成式《酉阳杂俎》中就介绍了许多人的漂亮文身，还提到一种快速文身法，是用各种针密密麻麻组成图形放在一起，有猛兽、有神仙、有鲜花……想要什么，选定离手。来，闭上眼睛，咬紧牙关，拿起一个模板，“啪”的一声扣上，一个文身就形成了——合着这就是一个章。

不过这种速成法主要服务于市井无赖之徒，像大名府卢俊义这样的大员外断不会用这样的方法。事实上到了宋朝，这种速成方法估计都被客户淘汰了，那时人们文身就是图个美，文身师傅也不屑于这样干，他们要的是名声。那时候文身有俱乐部的，叫锦体社。这里定期组织各种刺青比赛，赢了的人会赢来名誉和奖金，浪子燕青就参加过。原文里说他“若赛锦体，由你是谁，都输与他”。可见燕青这身文身有多美。

为燕青打call！

新鲜热烈的相扑比赛，开赛啦！

文了一身漂亮的花纹，没有机会展示怎么办？

别担心，有一项运动非常适合你——相扑。

《水浒传》里燕青是相扑高手，泰山打擂摔死过擎天柱任原。高俅在梁山上被俘的时候也说自己相扑未遇对手，燕青随即和他较量，将他撂倒在地。

相扑需要赤身裸体，通体漂亮的文身配合矫若游龙的身姿，不更有看头吗？

相扑，现在提起来似乎是日本人的专项，殊不知这项运动早在咱们东汉时期就有了，不过那会叫角抵或角力，宋朝以后才有了相扑这个名字。不光有男子相扑，还有女子相扑、小儿相扑，还有男女混合相扑。《水浒传》里就写了段三娘和王庆的相扑，而且三娘还战胜了王庆。大宋朝的女子真是彪悍。

这是小说，历史笔记《梦粱录》里就专门提到了“赛关索”“嚣三娘”“黑四姐”等女子相扑高手，这可是宋朝版“谁说女子不如男”，这还不算，最让你大跌眼镜的，还属女子裸体相扑——这还不是个别腐朽官员自娱自乐，这是上元节在东京汴梁城宣德门公开表演的，当时的皇帝宋仁宗都是热心观众，看完了还给选手们打赏。

宋仁宗手下那个小时候砸缸的老头司马光看不下去了，专门写了一篇文章《论上元令妇人相扑状》，对这件事进行了批判，司马大爷是这么说的：“宣德门是神圣的地方，你在这里让女子裸体相扑，可真是亵渎神明啊，何况这么多人看着，多不好啊。”明朝有个叫张萱的考证说这事原本就是经常搞的，司马光先生太古板了，害得我们丢失了一项多么好的运动啊。

必须要说一下，虽然时间已经到了宋朝，但并不像大家想象中那样：宋朝的女子已经是弱不禁风，大门不出二门不迈，男人摸下手都要上吊……尽管有司马光先生这样的论调，那也是明朝以后的事了，宋朝女子的生活还是很潮的。宋朝的女子跟唐朝的女子一样也爱蹴鞠，甚至也爱打马球，不过马不太好找，南宋那会还有个“筑球郭师娘”，是名扬一时的女球星。虽然从五代开始，就开始流行女子裹脚，但是三寸金莲也没能挡住女子蹴鞠的热情，有的男人还挺欣赏她们在球场上婀娜多姿的身形，只不过随着时间的推移能玩这种游戏的女子越来越少了，女子的活动范围渐渐退回了室内。

古代版“王者荣耀”，这个游戏让大家都玩疯了！

如果你穿越成了一名古代女子，每天活动于家中，感觉无聊怎么办？有一项室内游戏肯定适合爱玩的你。而你玩乐的对象，大概率是你的老公。

这方面引领潮流的当属我们大宋第一才女——李清照，她人生最快乐的时光是跟老公赵明诚一起度过的，其最著名的游戏就是“赌书泼茶”。两个人煮上茶，为了争这第一口就开始赌，竞猜某典故在书中第几页第几行，猜对的人喝第一口，有时候高兴起来，赢者茶水泼了全身。这就是著名的“赌书泼茶”，以至于五六百年后，纳兰容若都羡慕得不得了，他回忆逝去的妻子，最好的场景也是“赌书消得泼茶香”，这个游戏可真是经典。

李清照发明的这个游戏虽然能让后世文人夫妻不断COSPLAY，但这个游戏范围太小，对参与者文化素质要求过高，导致无法广泛流传。在赵明诚去世之后，李清照不仅痛失一位好夫君，也痛失了一位好玩伴。从此，李清照潜心研究各种赌博技艺，被称为一代“赌神”。

这可不是我瞎说的，这是李清照自己说的：“予性喜博，凡所谓博者皆耽之，昼夜每忘寝食。但平生随多寡未尝不进者何？精而已。”翻译一下就是：我喜欢赌博，只要是赌我都参与并且沉溺其中，常常废寝忘食，不过我赌了一辈子，不论多少，每赌必赢，说起来倒也没什么，精通而已。

天哪，这哪是我们熟悉的颠沛流离、忧国忧民的女词人？但是没错，这句话出自《打马图序》，这是李清照撰写的一本介绍赌博的书，她将赌博上升到了理论高度，所以《古今女史》上说她是“博家之祖”——赌博行业的祖师奶奶啊。

那么打马图是一种什么样的赌博呢？据说类似今天的飞行棋，以争先为胜。李清照在书里介绍了两种“马”：一种是关西马，一种是依经马。关西马是有一个将军，十匹马；依经马呢？是二十匹马，无将。后来又出现了一种宣和马，是揉合两种玩法，有将有马。这里面所谓的马和将都是专门铸造的铜钱，上面镌刻着骏马或者名将，如马有“追风之马”“千里之马”“飞黄”“渠黄”“赤兔”“龙驹等数十种，将则更多了“吴起”“王翦”“关羽”“张飞”“尉迟恭”“秦叔宝”等。听起来是不是像三国杀？

除了三国杀，宋代还有神仙杀，也就是将钱上的骏马和名将换作各种神仙，然后在其背面雕刻诗句，例如王母钱背后写着“为种蟠桃树，千年一棵生。是谁来窃去，唯问董双成”。

董双成是王母娘娘座下看蟠桃园的美女（孙悟空是以后的传说了），她也有专门的钱牌，上面写着“王母叫双成，叮咛意甚频。蟠桃谁窃去？须找座中人”。

听起来是偷蟠桃的故事，不过那时候人们还不知道孙悟空，偷蟠桃的人是东方朔——此人字曼倩，所以他的钱牌是“曼倩”，后面写着“青琐窗中客，才称世所高。如何向天苑，三度窃蟠桃”。

这仨人物就串起来一个故事了，当然还有各种神仙如散仙、拔宅仙、龟鹤仙、醉仙（从后面的诗句看，这个是李白），《天香楼偶得》上简单介绍了下玩法，大概是用骰子比色，先是散仙，次为上洞仙，最后是蓬莱大罗金仙，这个时候众神仙庆贺。游戏过程中，如果犯错，要贬下仙界……这听起来就是一种非常有趣的桌面游戏。现在若有人重新开发，或许也能风靡一时，堪比王者荣耀，不过人家这是“神仙荣耀”了。

WENHUAJIAOYU

第六章 文化教育

焦秉贞《孔子圣迹图》局部

这位公子……咦，怎么是姑娘？

文＝玳瑁梁

若是生活在古代，打算走亲串友的你，准备好迎接一连串处理人际关系的挑战了吗？首先你要弄清的，就是辨认出眼前是哪个家族的哪一位，并且准确地叫出敬称。

还没等你蹲在屋角把家谱背熟，就听见家人找你："快来见过客人，这是你父亲好友的公子。"

你走上前，深作一揖："这位公子请了！"抬头一看，对面客人微微侧身，向你温柔有礼地回了一个万福（注：古代妇女常见的行礼方式，姿势是双手交叠放在小腹，双目向下微微屈膝；又一说为两手松松抱拳，在胸前右下侧上下略作移动，同时微微鞠躬。此礼节因行礼时多口称"万福"而得名）。不过怎么是位满头珠翠、形容婀娜的姑娘？公子不应该是男的吗？

在古代，公子这个称呼，最初的含义是"公之子"（注：《仪礼·丧服》：诸侯之子称公子）。"子"在古代，兼容男女。所谓公子，也就是先秦时期诸侯的子女。诸侯作为一个阶级已经消失在历史的星空，但这个尊称却保留下来，随着时代变迁而泛化，用来尊称所有想要夸对方出身尊贵的人。有时候为了区别，尊称别人女儿的时候，也可以称呼“女公子”。但是你的家人显然省略了这个稳妥的前缀。

你虽然意外，但紧接着便是窃喜。这分明是命运的邂逅！上天的安排！小生此际尚未成婚，连订亲对象都没有，不知这位……呃……如何称呼？

冷静一下。可以叫人家“姑娘”，这是没有问题的，但不够客气。

那，难不成叫……娘子？

你福至心灵想到这么一个词，又马上捂住嘴。这好像是戏曲里常用的称呼自己妻子的词儿啊，这么直接真的好吗？

其实这个称呼对还是不对，关键看你使用的时候是在哪个朝代。在唐宋及以前，“娘子”是对女性的普遍称呼。姓氏加排行加‘娘’或‘娘子’的称谓组合，在唐代诗词中非常普遍。比如杜甫在成都草堂的邻居，那位善于种花的黄四娘，还有他小时候惊鸿一瞥、惊为天人、没齿难忘的剑舞艺术家——公孙大娘，都是这个称呼。如果对方比自己年轻得多，且不知姓氏，那也简单，就叫“小娘子”好啦。这是一个适用范围很广的尊称，就好像如今的天津人，对20岁到60岁左右的女性都称“姐姐”，对方比自己年轻，就叫“小姐姐”。这样的称呼法，还真有点古风犹存的意思呢。

元代以后，“娘”渐渐成为了已经出嫁的妇女专属称谓。所以你若是生活在元明清三个朝代，叫还没嫁人的姑娘为“娘子”，确实需要罔顾世俗的勇气。

那么，就舍弃有歧义的“娘”好了。你还可以单独称呼姑娘为“子”。这也是一个古老的称呼，指称老师或者有道德、有学问的人，后来泛化为一个男女通用的尊称。唐传奇《柳毅传》里，路见不平的义士柳毅遇见了受夫家虐待的龙女，上前问询：“子何苦自辱而如是？”即是此例。用这个称呼，态度那是相当古雅而庄重。

你可能会觉得，文绉绉的，太见外了吧？

其实好办。如果姑娘的父亲是你家世交，你大可以装作不经意地问人家的名字，加个“姐”或“妹”的后缀。中国称呼的传统之一，就是在口语中对没有血缘关系的他人广泛使用亲属称谓语。也就是说，你可以用“爷爷”来敬称所有和祖父辈分、年纪相当的男性，用“姨”来敬称所有与母亲辈分年纪相当的女性。所以对着你想要套近乎的女孩，你当然可以“姐姐”“妹妹”叫起来了。具体使用例子，可以参考《红楼梦》里嘴甜的贾宝玉。

好啦，我们假设你和这位妹妹聊得很开心，关系迅速地拉近，等到姑娘结束拜访回家了，你自然想要写封信、送个礼物帖子，巩固一下你的胜利成果。

你提起笔来——要写“某某妹妹”收？又显得过于通俗了。

若是用书面语，你可以称呼姑娘为“女士”或者“女史”。“女士”这个称呼当然也是由来已久。《诗·大雅·既醉》：“其仆维何，釐尔女士。”有现代汉语翻译为：“（君王您）上天赐予的天命如何附随？上天赐予您有德行的嫔妃！”孔颖达注解：“女士，谓女而有士行者。”清袁枚《随园诗话补遗》卷五：“与诸女士茶话良久，知是大家闺秀。”可见女士用来指代道德高尚的美好女性。后来，“女士”在近代又成了英语 Madam 或 Lady 的翻译，称呼不清楚其婚姻状况的女性。那是后话，按下不表。

“女史”呢？这本来是古代君王的内廷设立的女性官职，以知书妇女充任，掌管有关王后礼仪。或者是后宫嫔妃的下属，掌管书写文件之类的工作，后来演化为对知识妇女的美称。

好啦，一见钟情，加上鱼雁传书，你和姑娘两情相悦，终于决定在一起——最好不要私奔定终身啊。白居易先生的教训在先：“聘则为妻奔是妾，不堪主祀奉蘋蘩。”年轻人别图省事，规规矩矩去拜见未来的岳父老泰山吧！一旦你成了人家的“愚子婿”，你和心仪的姑娘从此就可以换一种称呼了。

在古代，一般说来，丈夫可以称呼妻子为“卿”“君”“汝”，妻子则称呼丈夫为“君”。但也有一些了不起的女子坚持称呼丈夫为“卿”，相当于今天的“亲爱的”，比如《世说新语》里记载的晋朝王戎的太太。想象一下，老婆人前人后管老公叫“亲爱的”，放在现代社会都挺肉麻，这在男尊女卑的古代，更显得没规矩了。王先生奋起抗议，太太的一番话却把他彻底镇压：“我亲你爱你，才叫你亲爱的；我不叫你亲爱的，那谁应该这么叫你啊？”

好有道理！竟然无从反驳！

请勇敢地和你心爱的姑娘“卿卿我我”吧！祝你们幸福！

参考文献

《礼记》《诗经》《汉书》《唐诗三百首》《唐传奇·柳毅传》《世说新语》《随园诗话补遗》

我来自宋朝，我想知道明朝发生了什么事？

文 = 林 子

W h a t h a p p e n e d ?

前几天，我无意中收到了一个宋朝人的提问，不要问我是怎么收到的，我有一台时光穿梭机，我怎么会告诉你们？不过这台机器只能寄信，不能寄人，真的。话说这个宋朝人开门见山地问我，我想知道明朝发生了什么事。我很纳闷，只能回答他，我怎么知道明朝发生了什么事！随后在心里默默背诵了一遍朝代顺口溜，唐宋元明清……不对！你是怎么知道有个明朝的？！他没给我回信，有可能是被我的机智吓傻了。

虽然跟这位宋朝笔友断了联系，但睿智如我还是仔细思考了一下他的问题，如果有一个来自宋朝的人想知道

明朝的事，应该怎么办呢？答案当然是——看史书了！难道还让我把明朝共276年发生的事全部讲给他听吗？！

幸运的是，我国从西周末年起就已经有记载历史的习惯了。西周灭亡后虽然建立了一个东周，但周天子权势日微，各诸侯国根本不把他放在眼里，这段时期又被称为春秋战国时期。此时的史书，大多以诸侯国为单位各自书写，比如郑国的《志》、楚国的《梼杌》、鲁国的《春秋》等。

说起《春秋》是不是就有人想到了《左传》？别说这两者之间还真有关系，《左传》一书其实是给《春秋》做注解的，当然它也是史书，只不过把《春秋》中某些部分叙述得更完整。实际上除了《左传》外，《春秋》还拥有两本注解，分别是《公羊传》和《谷梁传》，我只想说一部本体、三部注解的《春秋》是有多难看懂啊……

基本上来说，我国早期的史书都是编年体，也就是以年代为线索记录历史事件，比如公元XXX年XX月XX日，皇帝便秘了三天；公元XXXX年，某大臣被老婆赶出了家门等。后来诸侯国林立，史书也延伸出了国别体，也就是以国家为主体记载。春秋时期左丘明所作的《国语》和汉初刘向编著的《战国策》就属于国别体。再后来又有了纪传体、断代体、纪事本末等类型，一般情况下史书的写作方式是多种多样的，并不会拘泥于一种题材。

东汉司马迁的《史记》，是我国最早的纪传体史书，它记述了自上古黄帝到汉武帝元狩元年（一说太初四年）之间，各帝王将相、社会名流的故事。继《史记》之后，东汉班固的《汉书》则将汉高祖到王莽新政的历史写全了，这本书可以算作了解西汉的窗口。再往后的《后汉书》则成书于南朝时期，由历史学家范晔编撰，主要记述了从西汉光武帝时期到汉献帝刘协时期的历史。

不得不说，整个汉朝的史学家都在司马迁的带领下爱上了纪传体，这三本汉朝历史的代表作，全部是人物传记。而且因为写的人多，不知道为什么纪传体就成了历朝历代正史的写作手法，后来入选我国古代正儿八经史书的

“二十四史”，都是这种写法。

但汉朝以后，各朝具有代表性的正史，就很少由本朝写成了，所谓“正史”大部分都是由官方主持编撰的，为了保证完整性和可操作性，一般都是本朝整理编写前朝的，就如唐朝写隋朝、元朝写宋朝、清朝写明朝。

三国时期的代表史书《三国志》是由西晋陈寿所写，我强调一下，后来的《三国演义》真的只是小说！里面的人物事件其实跟正史已相去甚远，不可尽信，《三国演义》的作者罗贯中也是元末明初之人，差了东汉不知道多少年。

晋朝正史《晋书》则是唐朝时由房玄龄主持编写。

南北朝时期政权更迭频繁，皇帝走马灯一样换来换去，《宋书》《南齐书》《梁书》《陈书》《魏书》《北齐书》《周书》主要记录了这一段乱世的历史，里面也包含了对五胡十六国的描写。

唐朝建立后，魏征主持编撰了《隋书》，之后李延寿又将南北朝时期的历史做了整理，汇编成《南史》《北史》两本书。

这里普及一下隋朝以前的大乱炖时期，先是曹丕逼迫汉献帝禅位，建立魏国。但45年后，司马炎篡魏，建立了西晋。后来北方少数民族内迁，西晋灭亡，司马家族迁居到江南，建立了东晋。东晋存续期间，北方早就乱成一锅粥，五胡十六国轮番表演，此时的中华大地比戏台子还精彩。然后东晋内部也四分五裂，连续建立了多个朝代，南边儿也加入了北边儿的大戏，于是南北朝时期到来。最后杨坚出来建立了隋朝，这场大戏才落下帷幕。

后晋时期刘昫等编成《旧唐书》，宋朝时欧阳修等着人编写了《新唐书》《旧五代史》《新五代史》。

元朝有《宋史》《金史》《辽史》，明朝有《元史》，清朝则有《明史》，所以那位想知道明朝发生了什么的宋朝人，快去看《明史》吧。

当然，各朝各代除了正史外，还有更多的别史或杂史，别史就是指纪传体

以外的史书，而杂史就是各种家史、外史、野史等，这些史书也都是对正史的补充。比如记载汉光武帝到汉灵帝时期历史的《东观汉记》、记录金国史事的《大金国志》、北宋时从上古讲到朱温篡唐的《五代史平话》，还有我国第一部编年体通史《资治通鉴》，以及表面看上去是小说、但又很像史书的《世说新语》《宋稗类钞》等。

最后，我再友情赠送宋朝笔友一些明朝史料：《明实录》《明通鉴》《明会典》《国朝典汇》。但相信我，这些也只是明朝史书中的一小部分，毕竟我国历史如此源远流长，没有多如繁星的史书来记载简直都说不过去。

司马迁著《史记》浮雕

古籍史书

告诉你不知道的明朝那些事儿。

孩子三岁了，请问哪个地儿的幼儿园比较好？

文 / 玳瑁梁

跟今天的父母一样，古代人为了孩子的教育也是操碎了心。俗话说得好，再穷不能穷教育。既然如此，古代称不上富裕的广大平民，是如何受教育的呢？

古代肯定没有幼儿园。不过有件事可能你并不知道，古代一些有远见的平民家庭教育，正是从胎教开始。孟母，就是伟大的思想家、教育家孟子的母亲，身为一介平民，怀着孟子的时候就严格要求自己“席不正不坐，割不正不食”。那时候，人们认为孕妇的行动能够影响胎儿的品格。之后的朝代都有指导胎教的医书，以求孩子身体健康、智力充沛。可见，让孩子赢在起跑线上的想法，古今统一。

当然了，胎教的影响终归不好衡量，一切都得等受教育的对象真正诞生之后再说。幼儿所受的早期教育，大部分是在家庭内部完成。据说，早在西周时期，古人就有一套完整的教学计划。

成书于西汉的《礼记·内则》记载周礼：“子能食食，教以右手。能言，男唯女俞……”大意是：孩子会自己吃饭了，就教他使用右手。幼儿会说话了，就要教他们学习答话，男孩子说“唯”，

女孩子说“俞”。此后还有六岁识数、七岁教导男女有别、八岁懂得敬让长辈等随年龄变化的教育重点。

孩子度过幼儿阶段，在父母怀抱中懂得了一些道理之后，就要学习生活常识。魏晋时的大教育家颜之推就主张要尊重劳动人民，鼓励儿童参与家务劳动，学习待客礼节。著名历史学家司马光在幼年时期看到伙伴掉进水缸，能立即砸缸救人，恐怕就是因为家里注重反应和力气的教育吧。

这之后呢？如果你出生在家境颇为富裕的平民家庭，恭喜你，你要上学了。

在上古时代，那时候阶级分化还不大明显，平民教育还是公立教育的一部分。根据《周礼》《礼记》等书记载，我国早在传说中的五帝时期就有了学校，叫做“成均”，先王还在那里用酒款待地位低下的“郊人”。到了尧舜时期，学校被称为“庠”，把富于经验和技能的老人集中起来，地位高的叫国老，住上庠，在王宫西边；地位低的叫庶老，住下庠，在王宫东边。这下庠，就是培养教育平民后代的地方了。夏朝的学校跟前代差不多，只是学校叫“序”，国老在东序，庶老在西序，掉了一个方向，因为夏朝人以左为尊，按照堂屋的位置，左手边是东，右手边是西。

到了商朝，“殷人养国老于右学，养庶老于左学”，东西学校又换了位置。不过，甭管搬到哪里，那时的平民教育在公立学校总归还是有一席之地。可到了西周就不一样了。西周时期贵族制度成熟，阶级分化明显。平民教育不在官学机构“国学”之内了，而是单独设立为“乡学”，只有小学一级，规模和科目也比较简单。

但民间思想的火种依然不灭。到了西周末年“礼崩乐坏”，官学渐渐衰微，民间私学繁荣兴盛。著名教育家孔子就

私塾

相当于一个私立学校的校长。他虽然鄙视体力劳动，但对待平民教育的态度是开放的。他说："自行束脩以上，吾未尝无诲焉。"不论身份地位，只要能持师生之礼的人，就可以受教育。那个时期，平民教育得到空前发展，于是出现了"百家争鸣"的局面。

然后，平民教育的发展便一路坎坷。秦统一六国，秦始皇无法容忍任何人动摇他的权威，于是秦朝仅限于教授法律，既不允许开办官学，也禁止私学。不过，秦始皇对教育也不是没有贡献。他统一了六国度量衡和文字，这就让全国统考在技术手段上成为可能。

好在秦朝命短。汉朝建立后，一度蛰伏的平民教育再度兴起。可是官方办学留给平民的空间实在太少，从此，我国古代平民教育变成以私立学校为主。如果你是一个平民蒙童，当然得是小男孩，你到了学龄之后上的多半是私塾或者家塾。地方上也会开办一些"义学""学馆"之类，都是低等程度的启蒙学校。

教学目的：识字。

教学手段：背书！背书！背书！你要是敢问老师这段书讲的什么，老师多半会脸色一沉，戒尺一举："问什么问？书读百遍，其义自现！你看东晋的范宣，三岁就会背《诗经》了！"

不幸中的万幸，咱们的汉字天生读音整齐，容易押韵。所以你的教材基本都是朗朗上口的韵文，比如春秋战国时期的《史籀》，汉朝的《急就篇》、南朝梁武帝时期的《千字文》，宋朝的《三字经》和《百家姓》等，都算是比较好背。这些启蒙教材历朝历代都有增加，好在古代文化传播手段有限，热门教材就那么几本。

一般来说，完成识字任务，再加上几本儒家经典，比如《孝经》《论语》，下层平民子弟的教育也就结束了。如果你幸运地属于少部分平民之列，家里颇为富裕，且还有志求学，那就可以继续进入高级学府读书了。

高级的平民教育学府，叫作书院，一般由著名学者创建或者主持，最早出现在唐朝，盛行于宋代，讲学风气比较自由。校址一般都在山林僻静之处，风景颇佳。大概因为环境太好，校长一般叫做"山长"或者"洞主"。这称呼天生自带仙风道骨的气质。

你可能会问，作为一个古代的平民子弟，在汉朝之后是不是就没有进入公立学校的机会了呢？

机会也不是完全没有，但数量有限。唐朝算是开明盛世了，设置的弘文馆、国子学、太学等学校就没有平民子弟的立足之地，只有书学律算等性质的学校对平民限制较为宽松。不过，隋唐时期肇始的科举考试，倒是给平民子弟的人生打开了一扇崭新的大门。

到了宋朝，科举完善，政策适当向平民倾斜。能够通过读书赚取功名，激励了更多平民投入到教育当中来。到了明朝，地方官学中平民身份的学生已经很多了，就连最高的中央官学国子监也为平民开启了一道门缝，设立“例监”。凡是有钱捐资于官府的平民子弟，也可以入监读书。

不过要提醒一句，虽然明朝国子监的平民人数是历朝历代最多的，但明朝的学风却是最喜欢让人背书的。按照洪武十五年（公元 1382 年）所颁布的监规，每个月的初四、初七、初九、初十、十二……这么说吧，每个月规定了整整十三个背书日。背不出来？痛打十板子。

如此看来，无论哪个年代，求学都需要好好努力呀。

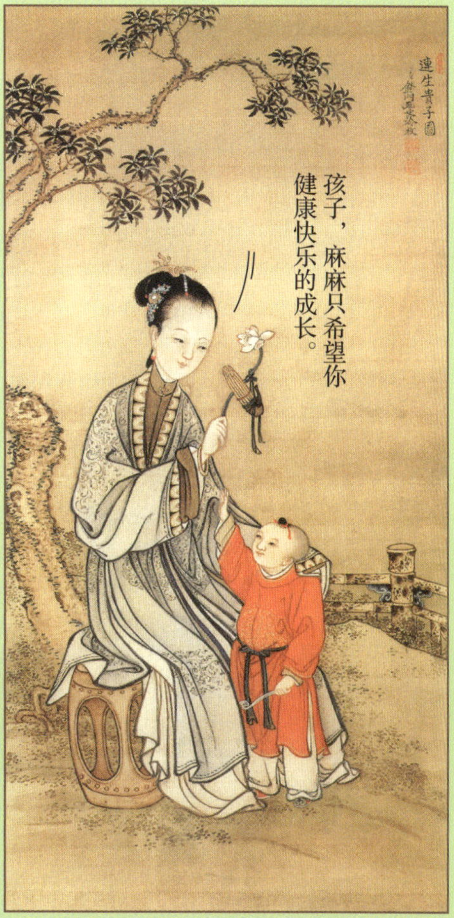

冷枚《连生贵子图》

妈妈，总是有人骂我“狗子”

文 = 馒头

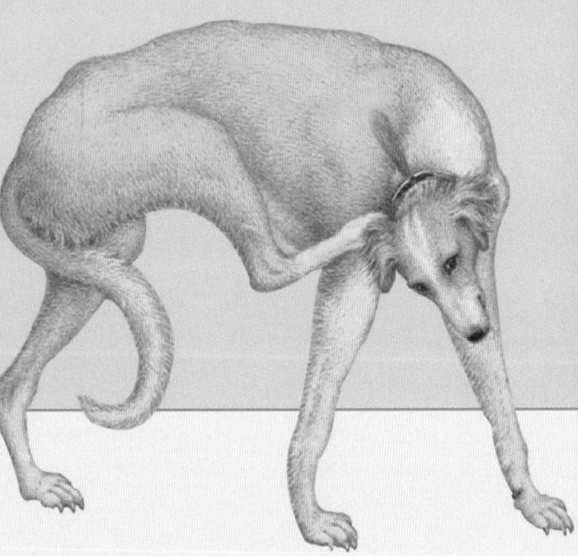

拥有一个罕见的姓是一种什么样的体验？

下面这位狗姓同学最有发言权。

狗同学从学校回来，一脸郁闷地向妈妈哭诉：“妈妈，总是有人骂我狗子。”

妈妈摸了摸儿子的头，用看傻子的眼神看了他一眼：“傻孩子，你就是狗子啊。”

狗同学特别伤心：“我可以改姓吗？”

“你爸爸会打死你的。”

“有什么途径，能快速改姓？”

“我改嫁。”

于是，狗同学换来自己爸爸一顿暴打。

可怜的狗同学，如果早投胎几千年，不仅可以避免这一顿揍，说不定还可以不用姓狗。

早在几千年前的中国古代，姓氏还并非一个整体，姓和氏是代表两个不同的含义。

众所周知，原始社会先有母系社会，后有父系社会。

母系社会是一种建立在母系血缘关系上的社会组织。姓，便是源自于母系社会，具有个体性。当时的子女只知道自己的母亲是谁，并不确定他们的父亲是谁。所以，他们跟母亲一个姓。这是货真价实的你妈妈一定是你妈妈，你爸爸就不一定是你爸爸的最好例子了。

姓，单从这个字来看，可以拆分成“女”和“生”，不难推测出，姓的含义就是女人生的孩子跟女人姓。

上古八大姓：姬、姜、姒、嬴、妘、妫、姚、姞（另一说为：姬、姜、姒、嬴、妘、妫、姚、妊）全是女字旁。

还有一种说法是姓代表着一个图腾，为的是区分各个部落。通过这种区分，可以有效避免近亲繁殖，因而古代有同一个姓的人不能结婚的说法。

随着时间的推移，生产力不断发展，人口不断繁衍、迁居，一个大部落也会逐步分成若干个小部落。

小部落之间又是怎么区分的呢？

氏，应运而生。

与姓相比，氏具有一定的团体性。姓是氏族的标记，氏是家族的标记，姓生下来就注定了，不会发生改变，而氏却因为家族不同而不同。因此，先秦时期有一句是“氏以分贵贱，姓以别婚姻”。

一个姓下面可以有很多个氏，这也从另一个方面验证了中国姓氏的起源是上古八大姓。

姓和氏，是人类进步的两个阶段，是文明的产物。他们又是在什么时候合二为一的呢？

这时不得不夸一波“祖龙”——秦始皇。

《通志·氏族略》中记载：“秦灭六国，子孙该为民庶，或以国为姓，或以姓为氏，或以氏为氏，姓氏之失由此始。”

秦始皇统一天下后，将姓氏合二为一，姓与氏之间不再有区别，但一个人只能选择一个姓氏。

据文献记载，我们现在所说的《百家姓》，成文于北宋初，原来收集姓氏411个，后来增补到568个，其中单姓444个，复姓124个。

实际上，中国人的姓远远不止这么多，上古八大姓繁衍出来各种各样的姓，他们的形成有着不同的历史过程和原因，但是同一个姓不代表同源，异姓也有可能同源。

至于诸如死、毒、操、干、第五等不知道经历过什么的奇葩姓氏，只能心疼它们一秒了。

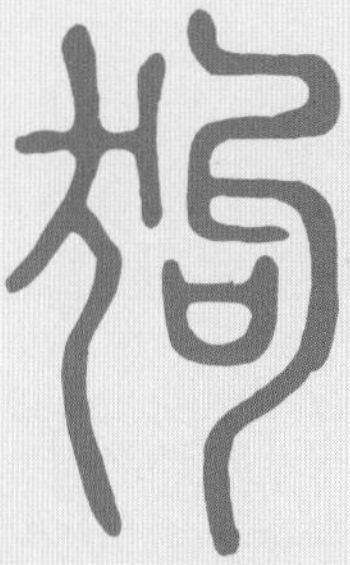

谁在叫我？

—领导说我不把他放在眼里

文＝玳瑁梁

古往今来狂傲不羁的人，多半有特别突出的才能作为资本。作为一名普通的公务员在古代需要掌握的技能，其实和今天的职场生存术也差不太多，依然要遵守既有的规则，讲究礼数，尊重领导。

在我国古代，礼仪本来源自信仰鬼神的祭祀，后来渐渐与伦理道德相结合，成为统治阶级管理社会的手段之一，也是生活当中方方面面需要遵守的规矩。早在春秋战国时代，人们就把礼制汇编成一本书，这就是日后成为儒家经典的《仪礼》。在两汉时期，大儒们又编撰了托名周公著作的《周礼》和《礼记》，包含了先秦儒家的哲学、教育、政治、美学乃至风俗等方面的内容。这三本书，后世合称“三礼”，堪称中国古代礼仪制度的蓝本和百科全书，也是一代代人修习的行动指南。

想象一个生活在古代的外国人可能有点困难。那么，咱们就想象一个从小生长在胡汉交界处的边境城市的汉族青年吧！小伙子直到成年才返回父母的故乡——中原，谋一个小职位养活自己。这里的风土人情和边城大不相同，但他适应得还算快，于是一直维持着自信。直到有一天，一切都好像不大对了。

那天，小伙子上班之后，盘腿在堂

上坐着，离领导很远。领导跟他说了什么。小伙子没听见，前倾着身子问什么事，领导的脸色便不大好看。

“我的玉佩找不到了，你去门口和院子里看看。”

小伙子站起来去找，因为坐久了脚跟有点麻，于是他迈着大步走得慢腾腾的。走到院子里一看，玉佩掉在台阶前的草丛里了。他十分兴奋地捡起来就往屋子里跑：“您的玉佩找到咯！”此时，领导脸色就垮了下来。

“你这小子从来就不把我放在眼里！”领导怒吼了一句，抓过玉佩，又使劲瞪了可怜的下属一眼，“别在我眼前晃悠，出去反省！”

小伙子一头雾水地跑了出来，正看见同僚，嗯，严格地来说算是前辈，一个姓赵的老爷子盯着他叹气：“僭越啊，僭越。不成体统啊，不成体统。”

“什，什么……越？”

“你啊，从小和一群胡人混在一起，举止荒唐，态度无礼。”

“我刚才没干什么出格的事呀？”

“你刚才是盘腿坐着的！”

“有问题？”

“那当然！我天朝礼仪博大精深，就说这个坐吧，有很多讲究。长沙王太傅贾谊著书称：‘坐以经立之容，胻（注：小腿）不差而足不跌……’”

小伙子赶紧拦住摇头晃脑的老赵：“求您别背书了，能不能直接说点我能听懂的？”

老赵很是不满地清了清喉咙：“听好了，坐的基本姿势是臀部坐在脚跟上，身体重心落在脚踝和小腿上。大致的坐姿，分四种。一曰经坐，目视前方，神情端庄。二曰恭坐，头微微低下，目视对方膝盖，态度恭顺。三曰肃坐，低下头，目光看着下方，别贼眉鼠眼地乱看。四曰卑坐，头要埋下去，手肘垂下来，是最恭敬的坐姿……”

“坐的时候屁股就不能着地？太累

敬酒是逃避「久坐」的不错选择。

人了吧！”

“臀部着地，伸开腿，那叫‘箕踞’，已属不雅。你盘腿坐着更加过分，太无义理！”

“以后注意。”

“还有，你刚才坐的席位也不对，离领导太远。随侍尊长，要就近而坐，表现尊敬。这叫‘狎而敬之’（注：《礼记·曲礼》）。坐得远，扣分。领导呼唤你，你要及时起立。你坐在那儿斜着身子回话，无礼。你领了命令，在堂上慢走，无礼！”

“那应该怎么走呢？”

“《礼记》上说，你在堂上要细步徐行，在堂下走正步。堂上空间小，迈大步多粗鲁！”

“哦……”

“还有你拿着玉跑那么快干吗？不知道在堂上不要快步走，拿着玉石也不能快步走？玉石贵重，万一失手摔了怎么办？”

小伙子继续请教：“那以后我怎么才能挽回领导对我的印象呢？见他就拜行吗？”

老赵一副高深莫测的样子摇摇头。

“你以为什么叫拜？”

“就，那种，跪下，然后头碰地面的大礼啊！”

“拜礼分好多种呢！可别拜错了。常用的有三种，稽首、顿首和空首。稽首是拜礼中最隆重的，你跪下之后，两手着地，头也要贴着地，停留一段时间再起来。拜父母老师还有君主，都是这个礼节。遇到领导，贸然行大礼，也不对。”

“我应该顿首？”

“嗯，见上级可以用顿首礼。要领是跪下，头碰着地，稍微顿一下就起来。如果遇到品级比你高很多的领导，想表达尊敬，那就多顿首一次好了，这叫两拜礼。对了，顿首也可以同辈之间用，你行礼，对方要回拜。”

“明白了。您刚还说了一个词叫做‘空首’，什么是空首呢？”

“空首是跪下后，两手交拱，垂到地面，头随之叩在手上，并不接触地面。

比你地位低的人向你行拜礼，你就可以用空首来回礼。现在很多人行礼时也不那么麻烦了，头根本不低到地，手拱在胸口，头一低贴着手，就算完事了。人心不古啊，唉。”老赵深表遗憾。

小伙子有点不服气：“为什么不能拱个手、作个揖呢？多方便啊！”

老赵鄙视地看了他一眼：“粗陋无文！须知礼者，乃节正民风的关键。身正则行有礼义，积礼义而为君子……你还嫌弃拜礼麻烦，殊不知还有更麻烦的拜舞之礼（注：此礼兴起于隋，盛行于唐及五代）呢。那可是谒见天子之时使用的最尊贵礼仪。行了跪拜之礼后起身，还要手舞足蹈，表示无限欢喜……”

小伙子听了这些，完全陷入了迷茫，没有半点领略“无限欢喜”的意思。

要知道，这些只是日常的礼数，还不包括隆重的典礼大事呢。中国五代有“五礼”之说，祭祀之事被称为吉礼，冠礼被称为成年礼，婚礼被称为嘉礼，宾客之事被称为宾礼，军旅之事被称为军礼，丧葬之事被称为凶礼。可以说一个人从诞生到去世，礼对他的约束始终如影随形。在古代社会立足，这些礼数不可疏忽，更不可遗忘啊！

参考文献

《礼记》《荀子·修身》等

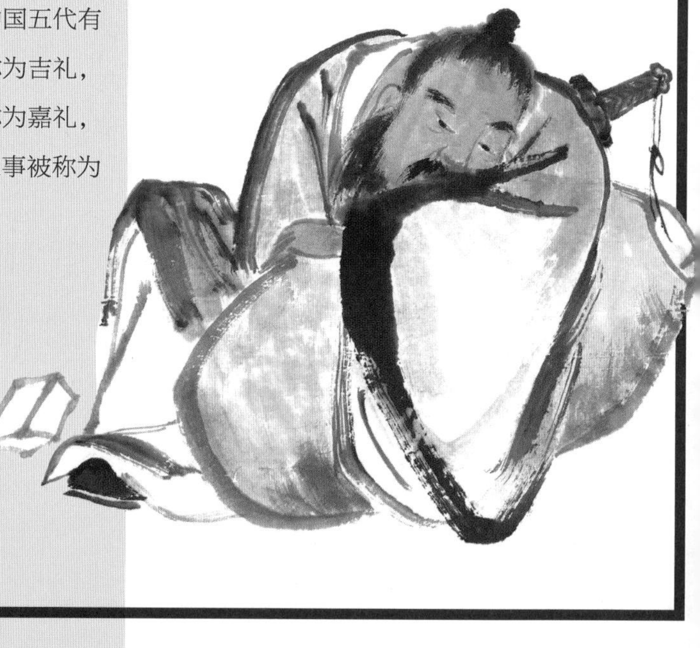

想学写诗，求教，钱不是问题

文＝玳瑁梁

人生得意须尽欢，
莫使金樽空对月。
天生我材必有用，
千金散尽还复来。

不论是严肃的正史，还是轻松的笔记小说，都会记载人吟诗。写得好的，名垂青史，令人赞叹；写得糟糕的，往往贻人笑柄。这不怪古往今来的作者们太苛刻，实在是中国诗歌传统源远流长，谁都愿意创造风雅或者附庸风雅。在唐朝盛世，诗歌更是在生活中被广泛应用，甚至街头斗嘴，人们都爱说两句韵文。对答不上来的，甚至会受到小孩子耻笑。

对不会作诗的人来说，这样的生存环境未免过于严酷。所以连雄赳赳的武将，有时候也会掉两句书袋。这其中有天赋者，写得还相当不错。南北朝时期梁朝名将曹景宗，就曾在庆功宴上坚决要求赋诗一首。但是，因为他文化水平不高，主持分诗韵的人一开始并没有分给他，等轮到他的时候，只剩下两个韵字：悲和病。

《太白醉酒图》

这两个字多么不吉利，就是会作诗的人都感到棘手。然而曹景宗并没有打退堂鼓。他沉思了一会儿，当真作出一首五言短诗：“去时儿女悲，归来笳鼓竞。借问行路人，何如霍去病。”可谓自然流畅又切近庆功的主题，成为佳话。

要是像红楼梦里的薛蟠那样不学无术，聚会场合只会来两句“一个蚊子哼哼哼，两个苍蝇嗡嗡嗡”，那可就成为大家耻笑的对象啦。所以这作诗，真的算是古人——当然是有点社会地位的古人必须学会的社交技能！假如你是一个富家子弟，明天要去参加别人的婚礼，必须准备贺诗一首，偏偏这时候你连基本的作诗规则都不懂……那可相当糟糕啊。赶紧恶补吧！

看诗集照猫画虎？其实论作诗，一味多读也行不通。古往今来的诗歌多矣，首先要弄明白学的是哪个方向。诗，有古体，有近体。近体的格律严格，但脉络清楚。近体诗或是四句一首，或是八句一首，按照韵书来押韵。四句话的诗，叫绝句；八句话的诗，叫律诗；超过八句的，就是排律。

诗歌的格律和韵脚，都是讲究平仄的。这是从诗歌的音律美来考虑，并不是古人非要想出什么刁钻的口诀来为难后辈。诗的韵书，现在所知道的最早的是隋代陆法言的《切韵》，之后几经沿革，以宋代的《平水韵》流传最广。

平水也是地名，在今天的山西临汾，至于韵书为何叫“平水”，原因并不清楚，或许这是编撰韵书作者的籍贯吧。韵书的编排，按照平（相当于今天普通话的一声、二声）、上（相当于普通话的三声）、去（相当于普通话的四声）、入（今普通话已无四声，方言犹存，可以借鉴日语中的促音）四声为纲，每一声下列若干韵。

若干是多少呢？平声三十韵，上声二十九韵，去声三十韵，入声十七韵，相加是一百零六韵。不过啊，若是时间紧迫，这些不消全记，挑些重点足以应付一般场面。因为近体诗几乎都押平声韵，这样范围就缩减到三十类。这当中还可以划重点，比如，“平声一东韵”虽然包括一百七十四个字，但常用的不过几十个。这几十个字也不用死记硬背，找一些用一东韵写的诗来记忆，效果更佳！

知道了韵脚，便要知晓格律。近体诗的格律，更像是口诀。一首近体诗，第一句第二字是平声，就叫平起，反之是仄声，就叫仄起，两种排列方式各不相同。第一句诗可以入韵，也可以不入韵，第二句和第四句必须押韵。

举个例子吧，假如我们做一首第一句仄起不入韵的五绝，平仄就应该是：

黄山寿《淬妃小象》

仄仄平平仄，平平仄仄平。平平平仄仄，仄仄仄平平。

若是第一句平起不入韵呢？平平平仄仄，仄仄仄平平。仄仄平平仄，平平仄仄平。

写起来可能感觉特别麻烦，但念两遍感觉挺顺嘴的。说实话，不管三七二十一，横下心多念一阵子，这么一套口令不过二十个字，一个时辰怎么也记住了。或者，咱们利用刚才记韵脚的方法，找一首与之平仄对应的诗来记忆。例如，平起不入韵的五绝，就有名作可以背："鸣筝金粟柱，素手玉房前。欲得周郎顾，时时误拂弦。"

一通百通。五绝的另外两种格式，也就是第一句平起入韵和仄起入韵，也都是这个路数。七绝、五律、七律，概莫能外。

以上近体诗的格式一共有十六种，说起来很多，其实并不难。这些平仄格式是最理想的标准，有一些例外的情况，比如一三五不论（注解：指近体诗的七言律诗中，第一、第三、第五字可以用平也可以用仄，是一种不以辞害意的变通方式）之类，大概知道有这么回事，再多读一些诗歌也就多少明白了，用不着死记硬背。

有人想问，近体诗还是规矩太多，古体诗是不是好写一点？

严格地说，古体诗形式更自由。比如说，近体诗一首诗只能用同一个韵脚，就是韵书中同一个韵部的字。古体诗呢？可以中途换韵，可以押平声韵之外的其他韵，可以有规律地换，也可以无规律地换，可以不管什么对偶，还可以混用三言、四言、五言、七言甚至更长的句子，真可以说是纵横驰骋。

可是，古体诗并不好写。正是因为古体诗形式自由，又无具体规律，所以今人不容易学，或者学了也是套着古体诗的皮毛，细看还是近体诗的灵魂。比如唐代著名诗人王维的《桃花源》："月明松下房栊静，日出云中鸡犬喧。"就是很漂亮的对偶了，古体诗原本是不讲究这个的。

如果说这些功夫都来不及下，是不是就只能任人嘲笑了？

其实，也不是。你还可以做一首打油诗。打油诗相传是唐代一个叫“张打油”的人创始，故此得名。这种诗不拘格律，也不讲平仄对仗，但一定会在口语中押韵。通常是五言或者七言绝句的字数。虽然文辞不算讲究，却往往能看出写作者的一片真情。你可能觉得打油诗不登大雅之堂，可是那也总比当场张口结舌来得潇洒多啦！

黄山寿《老妪解诗》

参考文献

《诗词读写丛话》（张中行，中华书局）
2005年《南史·曹景宗传》

一个写手的自我修养

文‖玳瑁梁

粉彩钟馗醉酒

现在网络上有许多写作课程，可以培训大家的写作能力。如果你生活在古代，觉得最近自己涌现出强烈的创作欲望，想写一个爱情故事，又不知道怎么写，那应该怎么办呢？

首先，我们要选择一个文学体裁。更准确地说，我们需要清楚自己生活的时代盛行怎样的文学体裁，而后量体裁衣地创作你的爱情故事。

如果你生活在先秦，准确地说是西周初期到春秋中叶，那时正是《诗经》盛行的时代。那个时候大家创作的文学，多半是四个字一句的歌曲集。诗经有三大手法：赋比兴。根据写作顺序来，其实应该叫“兴比赋”。

什么是“兴”呢？它不含直接的比喻，也不是必然的联想，而是作者从风景、自然之物、天地四时当中，选取也许有深意但是没有必然联系的一样事物，作为引起话题的开端。诗经名篇《关雎》开头的“关关雎鸠，在河之州”就是如此，接下来的窈窕淑女和雎鸠并没有逻辑上和形象上的必然联系。您要写美人，开头最好“兴”一下。比如《诗经·国风·郑风 ·野有蔓草》，开头就很典型：“啊，田野里的蔓草青青，上面缀满了晶莹的露珠。有位美丽姑娘，她目光流转，妩媚动人。”

接下来可以“比”一下了。比就是比喻修辞。我们来感受一下诗经里最著名的一段形容：“领如蝤蛴，齿如瓠犀，螓首蛾眉。”（《卫风·硕人》）

美女的脖子像天牛的幼虫那样白皙颀长，牙齿像瓠瓜籽儿一样洁白整齐，额头像知了的头一样方整，眉毛像蚕蛾的触角那样细长弯曲。当然，这首诗比喻的事物和现代人的习惯相去甚远，但正能体现出先秦时代人们对自然界的观察细致入微，一草一虫也值得珍爱赞叹。

然后就是“赋”了，铺陈排比，白描手法居多。至于心理活动，《诗经》的文风比较温柔敦厚，而且四字一句容量有限，很难描写得太具体。

想表现相思的话，可以考虑楚辞（一种诗体）。楚辞虽然是韵文，但具备了散文的特征，是开创性的文人创作。楚辞里面的描绘，都是融合了作者情感的象征，抒情起来特别的占篇幅。

“诗经”用四个字，比如“搔首踟蹰”“辗转反侧”就说尽了的意思，到了“楚辞”的创作者屈原那里，就成了这样：“思美人兮，擥（lǎn，收）涕而竚眙（zhù yí，久立呆望）。媒绝而路阻兮，言不可结而诒（同贻，赠予）……愿寄言于浮云兮，遇丰隆（云神或雨神）而不将（送来）。因归鸟（鸿雁）而致辞兮，羌迅高而难当。”

顾炳鑫《屈原问天》

大概意思是：我想念美人啊，擦干眼泪凝望。路途遥远又没人送信啊，想说话也难以传扬。愿让浮云帮我捎句话啊，云神却销声匿迹。想让鸿雁给我传书啊，它却高高飞走不肯配合。

篇幅是不是长多了？用楚辞体裁就可以充斥大量的心理活动和浪漫想象。

汉赋和骈文好是好，但是写爱情不大合适。

汉赋侧重堆砌各种华美的景物和意象，并不擅长讲故事，更适合作为宫殿城市的城建介绍、描写帝王游猎的纪录片、旅游胜地的宣传、抒发怀才不遇命运的职场文，杂谈禽兽草木的博物君。

骈文盛行于南北朝，字句两两相对而成篇章。多用四字句和六字句，堆砌典故和辞藻。上句说了什么，下句还得凑出跟它对仗的内容来。从修辞学上是挺美的，可是情节进展上就放慢了很多。曹子建（曹植）在《洛神赋》里是这么写的：“其形也，翩若惊鸿，婉若游龙。荣曜秋菊，华茂春松。仿佛兮若轻云之遮蔽月，飘摇兮若流风之回雪。”

《洛神赋》局部

惊鸿对游龙，秋菊对春松，轻云对流风，十分工整。至于情节，则相对简略。

毕竟咱们想写个故事，不是想学着写《笠翁对韵》，那咱们走上叙事的康庄大道吧。写故事的传统，来自于先秦的散文。历史散文例如《左传》《战国策》，有许多颇具传奇色彩的故事，诸子散文中也有许多寓言，等于开了后世故事创作的先河。从此，人们笔下的情节就越加越多，越写越细。

同样是讲小伙子借买东西搭讪姑娘，诗经一句带过，直奔主题：“氓之蚩蚩，抱布贸丝。匪来贸丝，来即我谋。”那个笑嘻嘻的小伙子抱着一匹布来换丝，其实不是来买东西，是跟姑娘谈婚论嫁来的。等到南北朝盛行的志怪小说，南朝宋刘义庆编撰的《幽明录》之《买粉儿》，就扩充成了这样：有一户富人家，只生了一个儿子，十分宠爱。有一天，这个小伙子逛街，遇见一个卖胡粉的美丽姑娘，一见钟情。为了和姑娘搭讪，小伙子就天天去买胡粉，买了就走，也不敢跟姑娘多说话。时间长了，姑娘觉得他举动太可疑了：哪有天天买粉擦脸的？第二天小伙子再来，姑娘就问他：“您买这粉，用来干吗？”小伙子老实招供：“因为我喜欢你，又不知道怎么表白，只能假装买粉才能天天见到你呀！”

角色的背景设定，心理活动，女子卖的商品内容都很具体，故事情节就复杂多了。

唐宋的传奇小说，差不多延续了这

个路数。到了我们最可以借鉴的明清时期，小说角色、情节、篇幅、节奏基本已经具备了今日的形态。借口买东西和姑娘搭话的男主人公在蒲松龄《聊斋志异》的《阿绣》篇里，追求的过程更为具体而折腾：说一个叫刘子固的男子看到卖杂货的姑娘一见钟情，便去姑娘那买扇子。姑娘让父亲出来迎接，刘子固特意压了个低价，跑了。而后他看到女子父亲走了，又回到店里。姑娘特意说了个高价，刘子固就把所有的钱掏了出来买下扇子，第二天又来以同样的价格买，姑娘倒是不忍心了，说昨天那个价格是瞎说的，退了他一半的钱。而后两个人就越来越熟悉啦……

您看，这故事是不是越写越复杂了？然而这也正是小说的魅力所在。诗歌抒情言志，小说描摹细节，体裁不同，各有千秋。不论哪种体裁，文学作品感动读者的正是作者组织语言文字的功力，还有投入其中的款款深情。

王雪涛《红袖添香夜读图》局部

参考文献

《诗经》《楚辞》《幽明录》
《聊斋志异》

国学小课堂

1. 你现在生活在明朝，你的一个远房亲戚入宫当了宦官。你们俩关系很好，还时不时保有联系。一次来信中，他提到，现在在宝钞司任职。请问，宝钞司在明朝是一个负责什么工作内容的机构？

A. 印刷纸钞

B. 制作草纸

C. 负责杂戏

D. 炭火分配

Answer

《明史》志第五十职官三记载：惜薪司掌所用薪炭之事；钟鼓司掌管出朝钟鼓，及内乐、传奇、过锦、打稻诸杂戏；宝钞司掌造粗细草纸；混堂司掌沐浴之事。

因而二十四衙门里的宝钞司，听起来很高大上，好像跟钱有关系，但只是负责制作皇帝大小便的厕纸。

2. 临近期末，你每天泡在图书馆勤奋学习，然而每次回到寝室，你都发现室友对着一张明朝年间古人的头像进行“祷告”，你差点以为室友中邪了。你按照古人头像下面的名字查了查，发现他是我国历史上大名鼎鼎的考神，请问他是？

A. 黄观

B. 文天祥

C. 胡旦

D. 白居易

Answer

《明史·列传第三十一》载：黄观，字澜伯，一字尚宾，安徽贵池人。父赘许，从许姓。受学于元待制黄冔。冔死节，观益自励。洪武中，贡入太学。绘父母墓为图，瞻拜辄泪下。二十四年，会试、廷试皆第一。

黄观被叫作“六首状元”，当时有一句话形容“三元天下有，六首世间无”。他从第一次参加考试，就从来都是第一名，从未间断，一直到殿试第一，成为状元，他成为历史上第一个“六首状元”的时候，只有27岁。

3. 你生活在东汉末年，是一个心怀抱负的文人。你想要去拜访当时一位很有名望的大家，为了介绍你自己，你应该怎么做？

A. 什么也不带，凭口才介绍自己

B. 带上名刺

C. 在门口静静等候，希望有人慧眼识珠

D. 直接闯进去

Answer

汉·刘熙《释名》认为“刺”是指书写。

晋·袁宏《后汉纪·桓帝纪下》：滂覩时方艰难，知其志不行，乃投刺而去。

古代人出门交际，就有名片，称为名刺，拜访时通姓名用的名片，也称为爵里刺。如果要见什么人，先把名刺递上去，称为“投刺”。

4. 一觉醒来，你发现自己躺在大街上，一身短袖短裤显得与周围格格不入。好不容易问清时间，你知道，自己现在到了明朝。正犹豫该何去何从的时候，一个陌生人撞了你一下，也没说抱歉。你暴脾气来了，骂了他几句，下一秒，陌生人带着官府的人把你逮住了，并且说要按《大明律》处罚你，你惊呆了，请问你犯了什么罪？

A. 衣冠不整罪

B. 随意辱骂他人罪

C. 站在道路正中间阻碍交通罪

D. 胡言乱语罪

Answer

《大明律》《刑律·骂詈》：凡骂人者，笞一十；互相骂者，各笞一十。

以下行为将触犯大明法律：1. 骂人；2. 骂制使及本管长官；3. 佐职统属骂长官；4. 奴婢骂家长；5. 骂尊长；6. 骂祖父母父母；7. 妻妾骂夫期亲尊长；8. 妻妾骂故夫父母。都会受到相应处罚。

5. 好不容易被释放了出来，一户好心人家收留了你，你养好了伤。今天天气不错，你准备出门走走，刚出门听见村里有人喊“哇，有麒麟诶”。你受到了惊吓，立刻朝着人群聚集处奔跑，你很想见见这一上古神兽，结果扒开人群，你看到了

A. 老虎

B. 麒麟

C. 长颈鹿

D. 羊驼

Answer

明朝人称长颈鹿为麒麟，有以其形象绘制的《瑞应麒麟图》存世。公元 1419 年，郑和带着马林国国王赠送的长颈鹿回到了南京。由于长颈鹿长相极像中国民间传说的吉祥之物麒麟，再加上当时的人们对长颈鹿知之甚少，大家一致认定，马林国国王所赠的长颈鹿就是麒麟。

6. 你是宋朝的一名小商贩，你现在想要开个卖酒水的店谋生，请问，你应该开的店是？

A. 脚店

B. 正店

Answer

宋朝东京正店有酿酒权，从官府处购买酒曲酿造，脚店则无。脚店只能从正店批发酒水来卖。“正店”是宋代酒类专卖制度下的官方直属酒类“零售商店”。宋代实行“榷酒”制度，管理体系是由户部兼职管理酒类专卖最高机构，各州郡设监酒务、监酒税的专官。“都酒务”是首都之外各州郡官办卖酒机构，县一级叫“酒务”，也叫“酒库”，下设酒坊直接卖酒。以“酒务”为中心，形成批零销售网络。直属“酒务”、经营正规的称为“正店”，不隶属于“酒务”、小规模、从酒务（酒库）批发来零售的店叫作“脚店”、“拍店”。

7. 你生活在宋朝，听闻今日皇太子要举行登基仪式了。你摩拳擦掌地带好昨晚准备的空包袱，结果刚一出门，看到不少人背着包向某个地方奔赴。请问，这群人今日是要准备去干什么？

A. 买菜

B. 抢红包

C. 扫阁

D. 今天是双十一

Answer

宋·叶绍翁《四朝闻见录·宪圣拥立》记载：先是皇太子即位于内，则市人排旧邸以入，争持所遗，谓之扫阁。故必先为之备。

宋时皇太子即位，市民争入旧邸，拾取剩遗之物，谓之“扫阁”。即看见啥都可以免费拿走。

8. 你是苏轼的一名粉丝，近日你正在研究关于东坡先生的生平与有趣的小故事，你突然发现，东坡先生竟然还是一名星座爱好者，并且热衷于吐槽自己的星座。请问，他的星座是？

A. 射手座

B. 金牛座

C. 摩羯座

D. 天蝎座

Answer

苏轼《东坡志林·命分》：退之（即韩愈）诗云：我生之辰，月宿直斗。乃知退之磨蝎为身宫，而仆乃以磨蝎为命，平生多得谤誉，殆是同病也！（我与唐朝的韩愈都是摩羯座，同病相怜，命格不好，注定一生多谤誉。）

与现代一样，宋朝人也是用十二星座推算命格与运程。宋代流行一种相术叫“占五星”，即将日月时辰与星座相结合起来算命。

成书于南宋的《灵宝领教济度金书》称：欲课五星者，宜先识十二宫分名及所属。寅为人马宫（即射手），亥为双鱼，属木；子为宝瓶，丑为磨羯，属土；卯为天蝎，戌为白羊，属火；辰为天秤，酉为金牛，属金；巳为双女（室女），申为阴阳（双子），属水；午为狮子，属日；未为巨蟹，属月。

9. 走在唐朝的路上，你看到了一个文身遍布全身的人。你不禁用异样的眼光看着他，看着看着，你发现，这个人的文身其实都是诗句，而且好像全部来自同一个人。请问，文身男可能是哪位诗人的狂热粉丝？

A. 李白

B. 杜甫

C. 白居易

D. 王维

Answer

《酉阳杂俎》记载：荆州街子葛清，勇不肤挠，自颈已下遍刺白居易舍人诗。成式常与荆客陈至呼观之，令其自解，背上亦能暗记。反手指其札处，至“不是此花偏爱菊”，则有一人持杯临菊丛。又“黄夹缬林寒有叶”，则指一树，树上挂缬，缬窠锁胜绝细。凡刻三十余首，首体无完肤，陈至呼为“白舍人行诗图”也。

这位白居易的狂热粉丝叫葛清，此人脖子以下文满了白居易的诗，还有配图。平时闲着没事就光着身子满街跑，展示自己的独特文身，人称“白舍人行诗图”。看来追星自古以来都是一件很狂热的事情。

松林六逸

布蓑寒青野服烏巾自在
何匡廬讀書處滿林紅葉夜猿聲
戊午冬日仿烏欽山筆法于春申浦上
旭道老人黃山壽

D I S A N Z H A N G

中医养生

（第七章）

4.0 医 0.1

4.0 医 医 0.1

4.0 医 中 医 0.1

4.0 医 医 医 医 0.1

4.0 医 医 医 医 医 0.1

4.0 医 医 医 医 医 医 0.1

4.0 医 医 医 医 医 医 0.1

我已经失眠五天了，感觉自己成仙了

文＝馒头

当代社会工作和生活节奏越来越快，很多人面对的压力与日俱增。身体过度疲劳，仿佛被掏空，能够倒在床上立刻入睡实在是件再幸福不过的事了，如果不能，那便宛如一场噩梦，求生不得、求死不能。

失眠一天还好，失眠两天身体勉强能顶住，当连续失眠四五天，头疼、心慌、烦躁、四肢无力、注意力无法集中等各种症状相继出现，那种感觉简直就是不疯魔不成活——啊！宝宝即将成仙，谁也不要拦我！

等下！

一名现代医生跳出来，举着一颗小巧的药，面带微笑道："一颗安眠药，从此告别修仙。你，值得拥有。"

在失眠无数天之后，困倦被一颗小小的药片带回来，躺在床上，你的意识逐渐从身体里被抽走，飘飘欲仙的感觉让人不由感慨一句："生在现代社会就是好哇！"

现代如此，那么，古代呢？

是不是在古代连续失眠好几天，失眠者妥妥的就该成仙了？

古人"呵呵"一笑。关于失眠症，早在秦汉时期的《黄帝内经》上就有记载，称之为"目不瞑""不得卧"之症。不仅如此，《黄帝内经》还介绍了睡眠机理，分析了失眠症的病因，总结了一些临床表现。最后，《黄帝内经》在这些理论基础上，提出了治疗方案。

具体如何医治呢？《素问·邪客》上记载，可以通过针灸和半夏汤一起，调节阴阳，治疗失眠症。

半夏汤的具体做法如下：“其汤方以流水千里以外者八升，扬之万遍，取其清五升，煮之，炊以苇薪，火沸，置秫米一升，治半夏五合，徐炊，令竭为一升半，去其滓，饮汁一小杯，日三稍益，以知为度。故其病新发者，复杯则卧，汗出则已矣。久者，三饮而已也。”连如何饮用，饮用的剂量都贴心地指出来了。

除了半夏汤，还有很多有助于睡眠的中草药方。明代的李时珍不知道经历了什么，他所著的《本草纲目》中记载了治疗各种各样因不同情况导致失眠的药方。

针对虚烦导致的失眠，可服用归脾汤。取龙眼肉、酸枣仁、黄芪、白术、茯神各一两，木香半两、炙甘草二钱半，切细。配齐这些中药后，每服五钱，加姜三惩、枣一枚、水二盅煎成一盅，温服即可。

针对胆热虚劳导致的失眠，可将榆叶、酸枣仁等分，加蜜搓成丸子，每天适量服用，味道酸酸甜甜，携带也十分方便。

针对胆虚引起的失眠，可取一两酸枣仁，炒出香味后捣碎，每服二钱，用竹叶汤调和。也可以在此基础上，加入人参一两、辰砂半两、乳香二钱半，也是加蜜做成药丸服用。如果能穿越回去，真想采访下李时珍同学，请他说出自己的故事。

除了这些动辄就要熬上好几个小时的中草药，熏香同样可以起到助眠的效果。

被列为众香之首的沉香是供佛的重要香品之一。许多人认为，沉香是唯一能够连通三界的香，故而经常有人将沉香做成手串、佛像等。

实际上，沉香也是一味中药，它不仅具有抗菌的效果，还可以提高人体免疫力。沉香的香味独特且高雅，能够调节人体内气的运行。燃烧沉香，可以起到镇静神经的作用，从而缓解紧绷的神经，帮助睡眠。

明朝崇祯年间刊成的《香乘》中记载了一个名为“江南李主帐中香”的香，这个香便是用沉香和鸭梨制成的，也可添加一些檀香末，其主要作用是安神助眠。

设想一下，一位失眠的古人，在经历失眠的痛苦折磨后，躺在床上，喝下一碗酸酸甜甜的归脾汤，熏着清甜的江南李主帐中香慢慢入睡，再做一个充满香味的梦。这哪里是治病呀，分明是偷得浮生半日闲，幸福到冒泡。

有好心人推荐老中医吗？

文＝清夜月

“朋友，中医约吗？”

“走走走，不约不约，什么玩意儿啊，都是骗人的。”

“先生，中医了解一下吗？特别多有名的医学家。”

“滚滚滚，不了解，不了解。”

“这位公子……”

“走开，一身中药味儿！”

“老板啊，我尽力了，但是他们一见我就赶我走，这推广没法做啊，不然我们给您退钱吧。”

“谁说不能做了？最近不是流行选秀吗？你，你们，给我搞个选秀！人我出！宣传你们来！节目你们编！水军你们找！”

“老板，这不合规矩，我们……”

第二天。

“我桌上怎么多了一堆人物资料？阿三，是不是你又把东西放错地方了？！”

“没有啊，这是岐老板送来的，让你给他办中医对对碰的选手资料！”

“……老子已死，有事烧纸。”

你当然可以选择翻开或者不翻开那本厚厚的资料，但是我们是一篇正经的科普，不是交互式剧情小说，所以不管你想翻开或者不想翻开，你最后都是一定要翻开的。

一号选手：扁鹊

扁鹊

张仲景

华佗

字越人，又号卢医。

著有《扁鹊内经》《扁鹊外经》两本知名医学著作，中医基础诊疗法“望闻问切”的奠基人。他提出了“防患于未然”的医学思想，且内外兼治，旁蓄并包，是一位医学全科多面手。

参赛宣言：见到我第一眼时，就应该 pick 我，不要让自己成为第二个蔡桓公。

二号选手：张仲景

本名张机，人称医圣。

著有《伤寒杂病论》《金匮要略》等知名医学著作，其中《伤寒杂病论》全面阐述了中医理论与诊疗原则，是我国最早的理论联系实际的临床专书。张仲景收集了许多古方验方，为药学的流传研究做出过伟大贡献。

参赛宣言：你吃过我的金匮肾气丸吗？吃过的话，请为我投票……哦对了，它现在的名字是，六味地黄丸。

三号选手：华佗

字元化，一名旉。

出色的临床诊疗专家，医技超凡脱俗，全科精通，样样娴熟。健身方面，他有知名的五禽戏传世，虎鹿熊猿鸟，每日一套操，护您一生健康。医药方面，他发明的麻沸散一碗下去堪比孟婆汤，醒来病痛全无，且不用失忆。最重要的是，他是中国医学史上第一位外科手术专家，别人动刀要命，他动刀救人。

参赛宣言：没有我不敢开的瓢，只可惜曹孟德胆小。

“我说，这都什么玩意儿？阿三，你给岐老板打电话，这生意我们不接！”

“别吧，岐老板今天还说，给我们加钱呢，再加十万两。”

“这孩子，你怎么不早说呢，我接着看资料，不就是九百九十九位参赛名医吗！看得过来！”

九十七号选手：孙思邈

后人又称“药王”，号妙应真人。

著有《千金要方》《千金翼方》等医学著作，重视常见病的研究，以医天下人为己任，并提出食疗、药疗、养生、养性、保健结合的防病治病主张。中医针灸的殿堂级圣手，“阿是穴”便是由其提创。

参赛宣言：凡大医治病，必当安神定志，无欲无求，先发大慈恻隐之心，誓愿普救含灵之苦。

……

七百二十八号选手：徐春甫

字汝元，号思鹤，又号东皋。

著有《古今医统》《妇科心镜》《医学入门捷径六书》等知名医学著作，其中《古今医统》堪称鸿篇巨制，将前人医药精华、治诊心得兼容并包，无所不蓄。影响甚至远播海外，为中医的发展与推广做出了巨大贡献。

参赛宣言：我不仅是个好大夫，我还是所有好大夫的思想的搬运工。

……

八百六十六号选手：薛雪

字生白，号一瓢，又号槐云道人。

著有《湿热条辩》一书，专病专治，另编辑《医经原旨》《膏丸档子》《伤科方》等药书，为医学理论事业做出极大贡献。他本人一生潜心研究湿邪与热邪之间的表里关系，虽然不是一位优秀的全科医生，但是一位极其优秀的专科医生，事业在精，而不求多。

参赛宣言：你看，今年的雪这么白，先生你却又湿热了，喝碗药吗？

……

九百零一号选手：叶天士

本名叶桂，字天士，号香岩。

著有《温热论》一书，为温病学说的研究发展做出巨大贡献。医学精神上，他提倡严谨精细的态度，善于从细微之处发现病人的病因，手到病除。他不仅自己是一位出色的医学家，还培养了一大批人才，形成了中医史上的重要医学流派——“叶派”，影响深远。

参赛宣言：治温热病，我才是最强的！选我！

……

“阿三啊，你看这个剧本，是不是这个薛雪和这个叶天士可以掐一下。”

“是的老板，他们两个人互掐得很厉害呢，彼此都认为自己才是湿热一门的领头羊，你看薛雪有个房子叫扫叶庄，叶天士又有个房子叫踏雪斋，这仇，不浅啊。”

“好！安排一个 battle，阿三，你去找岐老板要详细资料，还有我刚才抽给你的，扁鹊、张仲景那几个人，都是种子选手，所以开始做背景调查。”

“好的，老板。知道了，老板。”

“快去干活吧，岐老板出手大方，这趟生意做成了，我们至少入账五十万两白银！”

“对了老板，岐老板那里又送来了新的资料，还有一千九百八十八名中医的资料等您看一看。”

“……为什么会有这么多知名中医啊？！”

“因为我们强啊。”

遥远的岐老板若有所闻，淡淡地啜了口茶。

孙思邈

叶天士

有个庸医把病人扎成了刺猬，举报

文＝清夜月

“那啥，李先生，我是来看拉肚子的，您怎么让我脱光了躺着啊？”

“哦，是这样的，你这个病呢，属于内外交感，寒热不泻，看起来像是拉肚子，其实是要死的毛病，得亏你遇上了我，不然啊，就麻烦喽。”

“是吗？可是，我就是吃了个坏掉的柿子啊……”

“病非一朝一夕，你看看你，印堂发黑，嘴唇发白，手脚冰凉，体虚气弱，一看便是虚耗已久……”

“先生，我拉肚子拉了三天了，母猪都要拉虚耗了……”

“别说废话，你治还是不治？”

“治治治，但是先生，你是不是得先告诉我怎么治？”

“你这个病人真是麻烦，算了算了，我就当找人聊聊天……首先呢，我要给你上药薰。”

“药薰？”

李先生没再说话，而是搬来了三大桶冒着热气的黄汤。

“先生，这药味是不是太呛了？”

“这药是刚刚煎好的，你，头抬起来点，我会把它放在你耳朵旁边，熏蒸穴位。你自己感受一下，要是感觉不热了就跟我说，给你换。要是出汗了，就忍着点。”

费丹旭《韩康卖药》图

“哦，先生……这是什么原理啊？”

“《礼记》看过没？算了，想你也没看过。《礼记》里说，‘头有疮则沐，身有疡则浴’，说的就是这药薰的疗法，主要就是通过热气打开皮肤，然后让药性渗透穴位，别看你现在躺在这儿我就能给你做了，放在从前，这可是皇太后得了病才能用的疗法，《千金要方》里都写着呢！”

“这么厉害啊！先生，这个主治什么病啊？”

“风湿，感冒，痛经。”

“那啥，先生，我肚子疼……”

“万病皆为邪！治了总没错！”

“行吧……”

李先生气哼哼地走了，但没过多久，又抱着一个包袱进来。

打开包袱，里面整整齐齐地插着一排银针。

“先生要给我扎针灸了吗？”

“这针灸呢，只是第二步，像那些市井小医，用得最多的就是针灸和火罐。要说这也没错，针灸这东西，讲究虚则补之，实而泄之，针刺入穴，不同的穴位、力度、针法都能起到不同的效果，太素九针听过没？《黄帝内经》里传下来的，可是看家的好宝贝。”

“那啥，先生，我婆娘说，拿缝衣

针随便扎扎也是一样的。”

“妇人无知！譬如针陷脉则邪气出，针中脉则邪气出，针太深则邪气反沉，皮肉筋脉，各有所处，也不怕随便下手扎死了人！”

“先生说的是，她和我吵架，用缝衣针扎我，真的好痛啊。”

“行了行了，接下来我要给你上艾灸和火罐。”

“艾灸？”

“嗯哼，说到这个，那历史就更久远了。《诗经》中的‘彼采艾兮，一日不见，如三岁兮’，就提到了艾。说起艾叶，那可真是好东西，温经散寒，去湿止血，调和阴阳，扶正祛邪，主入脾、肝、肾经，就治你这拉肚子。”

“那啥，先生，我是大男人，不用温经。”

“愚昧！谁和你说‘温经’的‘经’是指癸水！它是指经络！经络！别动！准备给你上火罐呢！”

“先生，我只是说错了话，你为何要用火烤我？”

“这火罐又不是给你上刑，它吸上的地方都是你湿邪寒气重的地方，可以通经活络，行气活血，不信一会儿我取了罐子你看看，保证吸着的地方都是紫黑紫黑的……行了，你趴一会儿，我去准备接下来的工具了。”

“那啥，先生，你这又熏又扎又烤的，到底有没有用啊？”

“有没有用你自己不知道？用心感受！”

李先生又一次甩手出去了，这次回来，带了几把亮银的小刀。

“先生你干吗！我会好好付诊金的！你冷静一点！”

“我冷静什么？你冷静一点！我又不会活剐了你。”

“那先生你这是……”

“放血疗法听过没？”

“放血？不知道哦，只知道我们杀猪，就得把猪血先放干净。”

“我看你真是蠢笨如猪！这放血疗法，划的地方都有讲究，一般是穴位或经脉交结处，本来太素九针里的锋针便可用来放血，但是我看你病得不轻，只能动刀了。”

“这血我可心疼了，先生，放血能管什么呀？”

“退热，止痛，解毒，泻火，消肿，止泻。”

“……怎么又泻火又止泻的？”

“闭嘴。”

“呜哇……先生好痛啊！”

李先生眉头一蹙，发现事情并不简单，眼疾手快地拿起一块抹布，塞住了患者的嘴。

那天，他的医堂一直到傍晚才开门放人。

“先生啊，谢谢啊，您可真是神医。您看，我这肚子真不拉了，虽然说您手段多了点，折腾的动作大了点，可是真有效，真有效……”

神医拈着并不存在的胡子但笑不语。

又过了一会儿，病人那个会拿绣花针扎人的婆娘过来付了诊金。

“要我说，还是师兄你的方法好，我用针给他治，他非说不管用，拉肚子哪有针扎扎就能好的？就该让他多遭遭罪！”

“师妹此言差矣，你还是太过急躁。难道你没发现你相公的寒泻之症早就退了，一直没好是因为心理作用？”

“师兄你这是说……”

“师父教你的情志疗法，我看你是都忘了，我们医人，不仅医身，而且医心，你看你相公本来没病，我拿热茶给他薰薰，随便找了几个强身健体的穴位下了几针，又温了一罐补益元气，他就真的一身轻松了，这是为什么？”

“这……”

“以怒解忧，以喜胜忧，以悲胜喜，以怒胜思，以喜胜怒，以恐胜喜，莫忘莫忘。”

“让师兄见笑了。”

“其实，你若早发现他觉得自己拉肚子的病好不了的忧思烦乱，不由分说按住他暴打一顿，应了那以怒胜思，可能他也就没事了……咦？你相公怎么又回来了？”

“先生，我刚回家，灶上没水，就灌了碗井水，现在肚子又很痛……”

“天哪！艾灸完切不可喝冷水，你这不是找病吗！”

参考文献

《千金要方》《黄帝内经》《伤寒杂病论》《五十二病方》

李時珍像
甲午 李经纬 题
我是李时珍，
请多指教。

奇奇怪怪的中草药大集合

文＝小龙团

百草霜

这味药其实在《西游记》里出现过。即出现在《西游记》第六十八回朱紫国唐僧论前世，孙行者施为三折肱中。朱紫国王久病难愈，无法治理朝政，于是贴出皇榜，以半壁江山为酬谢，招揽能人异士为其治病。后来，孙悟空用乌金丹配以无根之水治好了国王的顽疾。在乌金丹中就有百草霜这一味药。这么神奇的药到底是什么呢？

百草霜＝锅底灰。

出处：《本草纲目》记载：此乃灶额及烟炉中墨烟也。其质轻细，故谓之霜。

主要的功效是：止血、消积、清毒散火。

奇异指数：★★★★

预警指数：★★★

伏龙肝

“伏龙肝”这个名字听起来好霸气的呢，“伏”有“使屈服”的意思，比如降龙伏虎。如果单看字面的意思，“伏龙肝”就是“被降服的龙的肝脏”。单听这个酷炫的名字，就感觉这味药肯定很高端。到底是什么药材才能配得上这么厉害的名字呢？

伏龙肝＝灶心土

出处：《本草纲目》记载：陶隐居云：“此灶中对釜月下黄土也。以灶有神，故号为伏龙肝，并以迂隐其名尔。”

主要功效：具有温中止血、止呕、止泻之功效。用于治疗虚寒失血、呕吐、泄泻。

伏龙肝＝灶心土

不建议尝试，有动手能力的可以自己挖土欣赏一下。

奇异指数：★★★★

预警指数：★★★

望月砂

“望月砂”，看到这个充满诗意的名字，不禁让人联想到了许多动人的诗句：“举头望明月，低头思故乡”“举杯邀明月，对影成三人”“明月几时有？把酒问青天”。这么充满诗意的药，它的真身到底是什么呢？

望月砂＝兔子屎

望月砂又名明月砂、玩月砂、兔蕈。

出处：《本草纲目》记载：目中浮翳，劳瘵五疳，疳疮痔瘘，杀虫解毒。

主要功效：去翳明目，解毒杀虫。

奇异指数：★★★★★

预警指数：★★★★★

不建议尝试，既然都是排泄物了，大家都懂的。

五灵脂＝老鼠屎

奇异指数：★★★★★

预警指数：★★★★★

不建议尝试，既然都是排泄物了，大家都懂的。

五灵脂

“五灵脂”这个名字听上去充满了灵气和仙气，比如灵丹妙药、钟灵毓秀、万物有灵。带有“灵”字的药材还有号称能让人长生不老的仙草——“灵芝”。这样充满灵气和仙气的药材到底是什么呢？

五灵脂＝老鼠屎

不过能成为五灵脂的“老鼠屎”不是我们一般见到的老鼠屎，而是鼯鼠、飞鼠的粪便。

出处：《本草纲目》记载：五台诸山甚多。其状如小鸡，四足有肉翅。夏月毛采五色，自鸣若曰：凤凰不如我。至冬毛落如鸟雏，忍寒而号曰：得过且过。其深恒集一处，气甚臊恶，粒大如豆。采之有如糊者，有粘块如糖者。

主要功效：活血散瘀，炒炭止血。用于治疗心腹淤血作痛、痛经、血瘀经闭及产后淤血腹痛。炒炭治崩漏下血。亦可外用治跌打损伤、蛇虫咬伤。

夜明砂＝蝙蝠屎

奇异指数：★★★★★

预警指数：★★★★★

不建议尝试，既然都是排泄物了，大家都懂的。

夜明砂

“夜明砂”这个名字不禁让人联想到了美丽神秘的“夜明珠”。从神农氏的“夜矿”开始，历朝历代的皇室就深深地着迷于夜明珠那梦幻般的光彩。据说，秦始皇的地宫就是用夜明珠陪葬来替代蜡烛照明的。有着相似名字的“夜明砂”到底是一味怎样的神秘药材呢？

夜明砂＝蝙蝠屎

出处：《证类本草》记载：主目瞑痒痛，疗淋利水道明目，夜视有精光。久服令人喜乐，媚好无忧。

主要功效：清肝明目，散瘀消积。

血余
=
烧焦的人的头发

奇异指数：★★★★★

预警指数：★★★★★

不建议尝试，头发本来就脱发得厉害，好好对它不好吗？

血余

听名字感觉这个中草药带了点危险的意味，总让人不由自主地想到血滴子……好凶好凶，那这个看起来这么凶的“小药草”的本体究竟是什么呢？

血余 = 烧焦的人的头发

出处：《本草纲目》记载：发乃血余，故能治血病，补阴，疗惊痫，去心窍之血。

主要功效：止血化瘀，利尿生肌。

急性子＝凤仙花种子

奇异指数：★★★

预警指数：★★★★

花还是好好欣赏吧。

急性子

急性子？不要慌，这不是在说大家，这真的就是一种小草药而已，至于它为什么要叫这么急个名字我也说不清楚，反正它很急了，它现在都开始催我介绍它了。

急性子＝凤仙花种子

出处：《本草纲目》记载：噎食不下：凤仙花子，酒浸三宿，晒干为末，酒丸绿豆大。每服八粒，温酒下。不可多用。

主要功效：软坚祛瘀，症瘕痞块，经闭，噎膈。

图书在版编目(CIP)数据

古代妙新闻/古人很潮 编著.
—武汉:长江出版社,2019.8
ISBN 978-7-5492-6495-7
Ⅰ.①古… Ⅱ.①古… Ⅲ.①社会生活-历史-中国-古代
Ⅳ.①D691.9
中国版本图书馆CIP数据核字(2019)第109875号

古代妙新闻 / 古人很潮 编著

出　　版　长江出版社
　　　　　(武汉市解放大道1863号　邮政编码:430010)
选题策划　漫娱　郭　昕
市场发行　长江出版社发行部
网　　址　http://www.cjpress.com.cn
责任编辑　赖　晨　湛　青
特约编辑　郭　昕
总 编 辑　熊　嵩
执行总编　罗晓琴
装帧设计　徐　蓉
印　　刷　湖北新华印务有限公司
版　　次　2019年8月第1版
印　　次　2019年10月第1次印刷
开　　本　710mm × 1120mm　1 / 16
印　　张　12
字　　数　200千字
书　　号　ISBN 978-7-5492-6495-7
定　　价　42.80元

电话:027-82926557(总编室)　027-82926806(市场营销部)